SIX SEMAINES DE VACANCES

EN VÉLOCIPÈDE

BY

S. E. BALLY

ASSISTANT MASTER AT THE GRAMMAR SCHOOL, MANCHESTER

London

PERCIVAL & CO.

KING STREET, COVENT GARDEN

1891

A MES ÉLÈVES,

AVEC LES MEILLEURS SOUHAITS DE

L'AUTEUR.

"Il est bon de savoir quelque chose des mœurs de divers peuples, afin de juger des nôtres plus sainement, et que nous ne pensions pas que tout ce qui est contre nos modes soit ridicule et contre raison, ainsi qu'ont coutume de faire ceux qui n'ont rien vu."—Descartes.

"Celui qui observe le vent ne sèmera point,
Et celui qui observe les nuées ne moissonera point."

Eccl. xi. 4.

De Dieppe a Rouen.

Nous étions en rade de Dieppe: "Easy!" cria le capitaine, et bientôt nous débarquons, entourés des cerbères de la douane française; ils ont reconnu en nous et nos montures d'honnêtes touristes qui n'ont nullement l'intention de frauder les lois et les revenus de la Grande-République. Nous passons donc sans bourse délier. Il pouvait être trois heures et demie du matin ; sauf un ou deux petits cafés près du débarcadère, toute la ville de Dieppe est encore plongée dans le sommeil. Attendre son réveil, c'eût été perdre un temps précieux. Je mis donc le cap sur Rouen.

Avant de partir, il est juste que je vous présente celui qui doit être mon compagnon fidèle. Il s'appelle Premier ; sa ville natale se nomme Coventry, dans le comté de Warwick en Angleterre. Fils aîné de la maison, car il s'appelle aussi Numéro Un, il s'est toujours distingué autant par son élégance que par sa solidité, et j'ai en lui une confiance sans bornes. Quant au maître, il devra si souvent parler de lui qu'il vous en demande pardon d'avance. Et maintenant, poursuivons.

Une fois au haut de la colline, je m'arrêtai pour jouir à mon aise de la vue et prendre congé de la mer, encore drapée des brumes du matin. Là, seul avec mon fidèle coursier, j'entreprenais un long voyage, dont les étapes restaient indéterminées et dont le but se perdait dans les profondes forêts de la Thuringe. Ajoutez à cela la passion des voyages, un amour inné pour la vie au grand air, l'influence enivrante d'une complète indépendance, de la fraîcheur du matin et d'un superbe lever de soleil; et vous pourrez peut-être vous figurer l'état actuel de votre humble serviteur.

La contrée n'offre d'abord rien de bien intéressant si ce n'est une bonne route; mais il était écrit que dès le premier jour mon enthousiasme serait mis à une rude épreuve. Un malheureux oubli faillit me jouer un mauvais tour; j'avais laissé chez moi l'argent français dont je croyais être pourvu. Les bonnes gens des villages que je traversai ne voulaient pas accepter ma monnaie anglaise; ils s'en méfiaient. J'en étais indigné, mais que faire? En attendant, la faim commençait à se faire sentir, et j'aurais payé même bien cher une tasse de café au lait et un morceau de pain bis. Il me faut l'avouer, le niveau de mon enthousiasme descendit sensiblement, bien que je ne voulusse pas en convenir. Je déjeunai donc par cœur, et, en dépit d'un vent contraire, je forçai le pas pour arriver de bonne heure à Rouen.

Au carrefour de Biville, je tâchai de me procurer un verre d'eau pour apaiser la soif causée par mes pastilles de bœuf condensé, mets peu appétissant, mais qui semblait devoir constituer ma seule nourriture. Je m'adressai à l'aubergiste-épicier, M. D——, en lui expliquant mon embarras monétaire. "Entrez," fit-il, "entrez," et m'apportant une bouteille de vin en guise d'eau pure, "Monsieur, servez-vous, c'est de bon cœur!" Je déposai sur le comptoir une pièce anglaise que mon hôte ne voulant pas accepter, nous convînmes d'en faire profiter sa petite fille. Là-dessus, sa bonne âme de femme, ne voulant pas rester en arrière, apporta du pain, du beurre et du fromage de Normandie; puis elle y ajouta une tasse de café noir que son mari voulut absolument assaisonner d'un verre de rhum ou de cognac.

Je venais de couper une tranche d'un gros pain de ménage que je replaçai sens dessus dessous; ma bonne hôtesse s'empressa de le retourner en s'écriant: "Oh, monsieur, ce n'est pas bien de votre part!"

"Mais qu'y a-t-il donc, ma bonne dame?"

"Eh! monsieur, en posant le pain sens dessus dessous, vous ferez venir le diable dans la maison; il y vient bien tout seul, allez!"

Je m'excusai tant bien que mal, et nous ne tardâmes pas à rire de bon cœur de ma bévue.

Je quittai bientôt mes hôtes obligeants de meilleure humeur, mais, malgré mon envie de passer par Caudebec, je suivis la grand'route.

Un événement assez imprévu rompit la monotonie du chemin. Un brave paysan et sa femme venaient tranquillement de mon côté dans leur char, quand soudain leur rossinante qu'on aurait crue incapable d'une pareille prouesse, fit un écart et alla s'abattre dans un fossé. Tout cela fut l'affaire d'un instant. Notre campagnard, dont le premier mouvement avait été de me faire le poing, s'était tout à coup éclipsé. Il reparut bientôt de dessous les corbeilles et autres choses, sous lesquelles ils avaient momentanément disparus, lui et sa compagne, et se précipita au secours de son cheval. En moins de rien, bête et voiture furent de nouveau sur la voie publique. Il n'était rien arrivé de grave, aussi nous quittâmes-nous assez bons amis. J'arrivai enfin à Rouen, où j'eus le plaisir de faire la connaissance de plusieurs membres du V.C.R. Ces messieurs avaient eu la gracieuseté d'arranger, à mon intention, une charmante excursion à Duclair sur les bords de la Seine. Rien n'aurait pu m'être plus agréable.

C'est grâce à eux et surtout à l'obligeance de Monsieur le Président du club, que mon séjour à Rouen m'a laissé le meilleur souvenir.

Je visitai, entre autres, la cathédrale, avec son élégante flèche de 152 mètres de haut. Puis vint le tour de la belle et curieuse église de St. Ouen, et enfin celui de la statue du Père de la littérature française : C'est ici qu'il naquit le 6 juin, 1606, et vécut en paix, si ce n'est toujours dans l'aisance, avec son frère Thomas. Il mourut à Paris, en 1684, "saoul de gloire et affamé d'argent," malgré le grand roi dont—

"La sage prévoyance
Fait partout au mérite ignorer l'indigence."

Deux jours après mon arrivée, je quittai Rouen et ses quais affairés pour remonter la belle vallée de la Seine.

De Rouen a Paris.

La route, tres-accidentée jusqu'à Gaillon, traverse une contrée magnifique et des plus attrayantes. Je ne m'attardai pourtant pas, vu que le temps menaçait de se gâter, et que j'avais hâte d'arriver à ma destination pour la nuit. Peu après Vernon, je saluai en passant près de son beau parc le vieux château de l'honnête Sully de Rosny (1560-1641). Qu'il fait bon s'arrêter à la page qui vous entretient de ce ministre noble et intègre, dont la belle et mâle figure domine de toute sa hauteur la foule des hommes illustres aussi bien qu'infâmes de son malheureux siècle!

Je fus bientôt à Mantes, où j'arrivai juste à temps pour prendre part à un dîner copieux et bien servi, et auquel je ne manquai pas de faire le plus grand honneur. Peu après, guidé par les sons d'une musique criarde, je parvins sur une place éclairée par les lampes d'un grand carrousel, nouvelle machine infernale dont les poumons lancent des volumes de fumée, tout en faisant entendre les sons stridents d'un puissant orgue de barbarie. Je poussai plus loin, "laissant la fumée aux sots" et le vacarme aux badauds. L'obscurité et une petite averse fine me firent bientôt reprendre le chemin du Grand Cerf et de mon lit, où je m'endormis d'un sommeil profond. A mon réveil, mon attention fut de suite attirée par de nombreuses et vieilles gravures couvrant le mur, et formant une biographie illustrée des religieux de la Trappe. Était-ce une peinture sérieuse ou tout simplement une parodie? Que veulent dire cet air béat du moribond, expirant sur la paille, et le plaisir, voire même le sourire qui se joue sur les traits de tous ceux qui l'entourent et l'assistent dans son agonie? et puis cette hospitalité généreuse et illimitée qui se borne à des œufs comme mets extraordinaire assaisonné d'un silence perpétuel? Le tout est d'une simplicité d'art et d'orthographe, d'une bonhomie si outrée qu'elle frise la raillerie. Je quittai la chambre en riant, me promettant bien de ne pas aller à la Trappe et de limiter mes visites monastiques aux bons moines de la Grande Chartreuse: ces derniers comprennent mieux la vraie charité envers les autres et les besoins de leurs visiteurs; c'est là du moins mon expérience personnelle.[1]

Une fois en selle, j'eus la malheureuse idée de voir Meulan, et me voilà sur une route entrecoupée de villages interminables et pavés de manière à anéantir non-seulement le meilleur vélocipède, mais aussi la patience d'un saint.

Je venais de déjeuner à Poissy, célèbre par ses souvenirs de St. Louis et du fameux Colloque de 1561, et m'en allais marchant à côté de ma monture, lorsque je vis un autre cycliste qui me précédait. Ce dernier pouvait bien être à vingt mètres d'un char stationné devant un cabaret, quand, patatras! voilà que sans dire gare, et d'un violent mouvement de recul, notre

[1] J'ai appris depuis que les Religieux de la Trappe sont après tout très hospitaliers.

cheval vient d'enfoncer toute la devanture du café! L'avait-il pris pour une nouvelle remise, ou voulait-il avertir son maître qu'il avait assez bu (l'homme je veux dire), on ne sait. Le bruit des vitres cassées, les cris peu harmonieux du charretier, les expressions encore moins fleuries du traiteur, eurent bientôt attiré une foule de commères, qui se hâtèrent de vouer à tous les diables ces engins détestables, dont la loi devrait interdire l'usage en pays chrétien. Passant l'endroit du malheur au moment où la colère était à son comble, je partageai toutes les invectives lancées au véloceman, cause de l'accident; je ne m'en trouvai pas plus mal, me bornant à conseiller au conducteur de joindre les rangs de la grande armée du ruban bleu.

Quant à pretendre que nos montures tiennent de l'esprit malin, cela me fit plaisir. Est-ce que toutes les grandes découvertes, les inventions les plus utiles à l'humanité n'ont pas été, dans leur enfance, taxées d'hérésies et de conceptions diaboliques? C'est en vain que l'engeance des ignorants s'attaque au progrès, il faut qu'il se fasse jour. La vélocipédie, je n'en doute nullement, réalisera les espérances de ses plus fervents adeptes. Le cheval a presque partout reconnu dans le vélocipède son meilleur ami. Quant à l'homme, il en fera de même, mais plus tard. Que de fois n'ai-je pas failli me jeter dans un fossé, m'abîmer contre les bornes du chemin ou m'enfoncer dans une haie, tout simplement pour éviter le mauvais vouloir d'un cocher, d'un prétendu monsieur! Que de fois ne m'a-t-on pas crié de mettre pied à terre pour laisser passer un cheval, dit rétif, seulement pour avoir le plaisir de me rire au nez! Et on nous accuse de prendre tout le chemin; mais quel intérêt pouvons-nous avoir à courir au-devant du danger, à moins d'avoir envie de suicide? L'idée est trop ridicule et ne peut être conçue que par un cerveau malade, et imbu de préjugés, ou par quelque réchappé de Charenton.

Je laissai les barrières de Paris derrière moi, et m'engageai sur la route qui aboutit à l'Avenue de la Grande Armée.

Je venais de passer près du beau monument élevé en mémoire de la défense de la capitale en 1870–71, lorsqu'un maudit chien que je ne soupçonnais d'aucune mauvaise intention me sauta à la jambe, et je sentis ses dents me glisser sur la peau. En un clin d'œil je mis pied à terre pour châtier mon traître, mais il était déjà loin, rentré dans la maison de son maître. Cette dernière rencontre me rappela que prévenir vaut mieux que guérir, et me fit sentir le besoin urgent de me munir d'une bonne cravache. Le chemin qui mène à l'Avenue de la Grande Armée est le plus atroce que j'aie jamais rencontré en France; heureusement que je m'en tirai sain et sauf, et bientôt, passant sous le magnifique Arc de Triomphe de l'Étoile, j'enfilai l'Avenue de Friedland, puis le boulevard Haussmann, pour descendre peu après à mon hôtel.

Paris.

Je n'ai nullement l'intention de vous décrire Paris, ni même sa belle et noble exposition, vrai chef-d'œuvre de l'industrie et du génie français, et si vous n'avez pas visité cette dernière, procurez-vous le catalogue officiel, et, par un effort d'imagination inouï, tâchez de vous figurer au milieu de cette immense collection de machines, d'objets d'art et de curiosités de toutes sortes, et entouré de centaines de mille de vos semblables : alors vous pourrez peut-être vous faire une idée bien faible de ce musée grandiose, universel.

Suivez-moi en esprit à travers ces vastes et beaux palais, modèles de l'architecture et vrais bazaars des productions de toutes les contrées du monde. Traverserons-nous la rue du Caire avec ses nombreuses boutiques orientales, ses minarets, ses vendeurs de bonbons et ses étranges disciples de Terpsichore ? Préférez-vous les villages japonais ou tonkinois, ou les misérables camps de tribus encore sauvages ? Voyez-vous ce magnifique bâtiment ? c'est le palais des beaux-arts où abondent les chefs-d'œuvre de peinture et de sculpture des meilleurs artistes. Tout près de cet asile de l'art moderne, qui trop souvent peut-être s'inspire du spectacle de la guerre, vous verrez, entassés avec un ordre parfait, tous les engins de défense et d'attaque que l'intelligence malade de l'homme a engendrés pour servir à la destruction de ses semblables.

Plus loin, regardez cette immense voûte vitrée, c'est là le temple du génie mécanique et industriel ; traversons-le en chemin de fer aérien et, passant ensuite sous le dôme central, vrai chef-d'œuvre d'élégance et digne des fameux Gobelins qui tapissent ses murs intérieurs, dirigeons-nous à travers les jardins vers cette gigantesque et gracieuse construction qui s'élève en face de nous. Vite, dépêchons-nous, le hasard nous favorise; il n'y a en ce moment que peu de voyageurs pour le sommet de la Tour Eiffel. Enfin, après trois quarts d'heure d'attente et de montée, nous arrivons au troisième étage, situé à près de mille pieds au-dessus du sol. Là, planant en quelque sorte au-dessus de cette fourmilière humaine, admirons, à loisir, le Paris de 1889, ce bijou dont la France a raison d'être fière, mais qui, comme tout enfant gâté, lui a souvent coûté bien des larmes.

Il y a cent ans, les députés de cette grande nation, fatiguée d'un joug qu'elle ne voulait ni ne pouvait plus porter, prêtaient serment de donner une nouvelle constitution à leur patrie, et le peuple célébrait leur triomphe par la prise de la Bastille. Quel beau feu de joie, s'il n'avait été souillé de sang! Mais, enhardie par ses succès, la populace s'abandonna à sa frénésie et souilla de ses excès la plus belle page de son histoire. Un règne horrible, règne de terreur, couvrit cette grande cité d'un hideux linceul dégouttant du sang de ses plus nobles enfants, jusqu'à ce qu'enfin, las de son propre pouvoir et de ses propres actions, le peuple se donna un maître qui le rassasia de gloire et de carnage. Il dort là-bas, ce dictateur de génie, sous ce beau dôme des Invalides, et la France l'a pleuré, oubliant ses propres enfants, sourde aux cris des mères éplorées qui réclamaient leurs époux et leurs fils égorgés, horrible sacrifice à l'infâme dieu de l'ambition.

Trois fois en cent ans, la vieille et fière Lutèce a eu les ennemis dans ses murs et, pour comble de malheur, elle a vu ses propres enfants, armés du glaive et de la torche, porter le fer et la flamme dans son sein. Que ne serait-il pas devenu, ce beau Paris, sans toutes ces effroyables infortunes?

Je ne saurais vous entretenir de ces beaux monuments qui s'élèvent de toutes parts: là-bas, c'est le fantôme des nobles aspirations de 1789, planant au-dessus de la colonne de la Liberté, ou le génie du Grand Napoléon, méditant sur la place Vendôme les triomphes de l'Arc de l'Étoile. Là, la grande auréole du Panthéon, glorieux tombeau des gloires de la nation, d'ici nous voyons en esprit Gargantua s'asseyant sur les tours de Notre-Dame et en volant les cloches pour les mettre au col de sa jument; le hideux Quasimodo, semblable à une intervention céleste, emportant dans l'enceinte sacrée la victime échappée au supplice ou plus tard poussant dans le vide et l'éternité cet affreux monstre sous l'habit d'un religieux. Mais écoutez, c'est le son des cloches de St. Germain l'Auxerrois! Quel glas funèbre! voyez, le sang coule, le bruit d'un horrible tumulte, un cri d'effroi et d'agonie monte jusqu'à nous. C'est le roi très-chrétien, c'est la France catholique, qui se gorgent du sang de l'élite du peuple français. . . . Mais trêve aux souvenirs historiques. Du reste il fait nuit, et déjà a commencé le simulacre du siège de la Bastille: la canonnade tonne et le vieux donjon s'illumine de feux lugubres, et jette autour de lui des lueurs fantastiques; à nos pieds, les fontaines de l'exposition jouent et se colorent de teintes aussi changeantes qu'elles sont belles à voir.

Redescendons. Du premier étage de la tour,

l'illumination des bâtiments, des jardins, des fontaines lumineuses et du Trocadéro donnaient à l'exposition un aspect réellement féérique ; de ce dernier monument surtout, le coup d'œil était réellement enchanteur et se perdait dans une perspective charmante.

Mais tous les plaisirs d'ici-bas sont passagers ; il y avait bien quelques jours que j'étais à Paris, et, plus j'y restais, plus je m'y plaisais, aussi fallut-il en finir et brusquer un départ qui devenait urgent.

De Paris a Reims.

Notre premier consul pour la France, Monsieur de B——, dont j'avais eu le plaisir de faire la connaissance, avait eu la gracieuseté de me promettre sa compagnie pendant la journée du samedi ; c'est avec grand plaisir que j'acceptai son offre obligeante, et nous nous engageâmes dans les boulevards, rues et ruelles de Paris, profitant de tous les endroits asphaltés ou bien pavés pour enfourcher nos montures.

Enfin nous passâmes la Barrière, pour nous enfoncer dans les allées du Bois de Vincennes, rendu fameux lors de la retraite des troupes après les combats de Villiers-Champigny, le 30 novembre, et de la grande bataille du 2 décembre, 1870, massacre inutile, dont le but était de percer les lignes d'investissement, pour rejoindre l'armée de la Loire le 6 décembre, dans la forêt de Fontainebleau.

Ce projet imaginé par Gambetta ne réussit pas, parce que le corps principal se replia la nuit même sur Vincennes, tandis que l'armée de secours venait de perdre Orléans et battait en retraite. Chacun se rappelle le petit incident arrivé pendant les discussions sur les termes de la convention militaire, dictée par le Maréchal de Moltke, et signée le 28 janvier, 1871, à Versailles, et comment le Capitaine d'Hérisson réussit à soustraire le fort de Vincennes à l'occupation allemande. Le vieux guerrier était tout contrarié d'apprendre que sa carte était inexacte.

Après une courte visite à Lagny, nous nous remîmes en route par une chaleur qui ne présageait rien de bon.

> " On voit à l'horizon, de deux points opposés
> Des nuages monter dans les airs embrasés ;
> On les voit s'épaissir, s'élever et s'étendre,
> D'un tonnerre éloigné le bruit se fait entendre,
> . . . Et la terre en silence attend dans la terreur."[1]

Soudain ces nuages menaçants crevèrent sur nos têtes et inondèrent les chemins et la campagne. Nous étions bien encore à dix kilomètres de Meaux : il n'y avait pas moyen de reculer, et, quant à s'abriter, il n'en valait plus la peine, nos habits étaient déjà saturés d'eau et de boue. Nous armant d'un courage stoïque et d'une patience digne d'une plus noble cause, nous tînmes tête à l'orage et arrivâmes enfin à Meaux sur une route transformée en rivière et au milieu du fracas de la foudre.

C'est dans une circonstance pareille que l'on apprécie, à sa juste valeur, le confort d'un bon hôtel comme celui des Trois Rois. Nous arrivions bien un peu tard pour la table d'hôte, et il était plus qu'évident

[1] St. Lambert, " Les Saisons."

que le garçon de service nous envoyait à tous les diables, mais que voulez-vous, ventre affamé n'a point d'oreilles et encore moins de compassion pour les autres. L'infortuné domestique a dû croire que nous nous attardions à table pour le vexer. Je vous assure que nous avions trop faim pour penser à lui ; son cas n'était d'ailleurs pas aussi urgent que le nôtre.

Mon compagnon de voyage dut retourner le soir même à Paris par le train de nuit ; nous nous quittâmes à regret.

Le jour suivant je repartis après une visite matinale à la cathédrale et au tombeau de l'Aigle de Meaux. Bossuet en devint l'évêque en 1681, et c'est là, sans doute, qu'il prononça ces fameuses oraisons funèbres qui ont tellement contribué à sa gloire d'orateur.

J'enregistrai deux ou trois descentes charmantes faites à bride abattue, surtout celles qui aboutissent à Trilport et à St. Jean. La pluie, qui avait cessé de tomber, recommença de plus belle, et plus d'une fois il fallut me réfugier sous un arbre touffu où j'attendais patiemment la fin de l'averse. Je me pourvois toujours de littérature, et, une fois fini, j'envoie le livre chez moi par la poste, si toutefois il en vaut la peine ; si non, je le laisse dans la première auberge venue.

A force de louvoyer, j'arrivai enfin à Château Thierry. Cette ville était tout endimanchée, et son vieux château semblait être le point de mire des bourgeois et de leurs familles ; quant à moi, j'allai faire pélerinage à la statue de celui dont les fables sont des modèles d'une naïveté fine, éloquente et gracieuse, et qui n'a jamais été surpassée. C'est ici qu'il naquit le

8 juillet, 1621, et l'on montre encore la demeure du bon La Fontaine, maison qui date de 1559. Le charme vous prend, et votre mémoire d'écolier semble se rajeunir sous l'inspiration et la présence mystérieuses du grand homme; vous vous récitez à vous-même quelques-unes de ces allégories qui feront toujours les délices des gens de goût et d'esprit. Je me demandais s'il aurait aimé la vélocipédie; je ne le crois pas, lui qui a divinisé le sommeil et lui adressa les lignes suivantes :

> " Tu sais que j'ai toujours honoré tes autels;
> Je t'offre plus d'encens que pas un des mortels ; "

et qui aurait pu dire avec Racan :

> " J'ai vécu sans nul pensement,
> Me laissant aller doucement
> A la bonne loi naturelle."

Je quittai la ville natale du grand fabuliste, en répétant, avec l'inimitable Sarah, la fable des Deux Pigeons.

Je fus bientôt tiré de mes rêveries par un piéton qui m'avait l'air très causeur. Je crois même que c'était le garde-champêtre du district. Je mis donc pied à terre sous prétexte de lui demander quelques renseignements. Il m'apprit une foule de choses et, entre autres, que je me trouvais dans la commune de Reuilly, la patrie par excellence des cerises. "Oui, monsieur," me dit-il, "vous ne trouverez leurs pareilles, nulle part; vous en jugerez par ceci : elles se vendent de quatre-vingts à cent francs les cent kilos, tandis que personne ne vous achèterait celles des communes voisines plus de quarante francs le même poids." J'avais l'intention de m'arrêter à Dormans, mais, bien que les senteurs de la table d'hôte fussent des plus tentantes, je ne pus résister à l'influence entraînante de la belle soirée, d'un ciel magnifique dont la beauté était encore rehaussée à l'ouest par de beaux nuages roses ou d'un jaune éclatant et, au levant, par des nimbus d'un gris sombre et menaçant. Je continuai ma route en vrai dilettante. Peu à peu la lune se mit à briller de son plus bel éclat, pour aller se mirer coquettement dans les eaux de la Marne qui coulait paisiblement au milieu du bruissement des feuilles et du sifflement du vent dans les arbres; les ombres mouvantes des nuages et des grands peupliers animaient la campagne déserte d'êtres fantastiques: ce n'étaient que danses et contredanses des sylphes et des nymphes de ces lieux champêtres au son des harpes éoliennes des bois.

Croyez-vous aux revenants? Non? eh bien, tant pis; le fait est que j'en ai vu un ce soir même. C'était près de Dormans.

Cette apparition étrange avait deux roues qui auraient pu appartenir à un tombereau de moyenne grosseur, aux jantes de cinq à six centimètres de largeur sur trois d'épaisseur; chacun des rayons représentait un jeune frêne, tandis que deux petits troncs d'arbre servaient d'axes et de moyeux; un fort timon rejoignait les deux appareils rotatoires. Cette espèce de corps était surmonté d'un siège en bois, et, pour amortir les secousses par trop violentes, les deux dernières pièces étaient jointes par un excellent ressort construit tout exprès, mais pour vagon de chemin de fer; quant aux pédales et aux manivelles, elles ressemblaient de loin à celles dont on se sert aujourd'hui. La selle, ou du moins ce qui en tenait lieu, était placée un peu en arrière de la première roue, qui était à la fois motrice et conductrice et traînait péniblement la seconde, comme un forçat ses boulets. Le guidon était sûrement animé par un esprit malin et vicieux ; il refusait d'obéir à la main du cavalier, et de temps en temps allait le précipiter dans la partie la plus épineuse de la haie. Je m'approchai avec respect de cet engin étrange, et, chapeau bas, demandai ce que c'était : l'être qui le montait me répondit avec un sourire qui ressemblait fort aux contorsions d'un malheureux supplicié sur sa roue : "C'est un . . ." A l'instant même, il fit un tel écart qu'il ne put achever et que c'est à grand'peine que j'évitai une collision. Je me le tins pour dit et filai à toute vitesse. Était-ce l'un des familiers du Saint Office, ou l'un des assassins de la Révolution réchappé des demeures infernales, je ne sais, mais le malheureux avait l'air de souffrir atrocement. Il m'arriva de faire volte-face, curieux que j'étais de suivre les évolutions de l'infortuné : il avait enfin trouvé le repos qu'il semblait appeler de tous ses vœux ; il mesurait le sol de toute sa longueur.

Je passai la nuit dans un petit village retiré. Le soleil me retrouva en selle, et je me hâtai d'arriver à Reims, où j'espérais rencontrer deux compagnons touristes. Tout semblait me favoriser ; de la route, on avait les plus jolis points de vue sur la riante vallée de l'Ardre et ses gentils petits "pays," coquettement nichés dans les plis de riants coteaux. J'étais heureux, quand soudain, à la descente un peu rapide d'une côte, ma pauvre monture s'emporte et refuse de se laisser gouverner. Pris à l'improviste, je n'eus que le temps d'amortir une chute devenue obligatoire, car je n'avais que l'alternative d'aller nous aplatir contre le tronc d'un immense peuplier. Un coup d'œil me révéla toute l'étendue du malheur. Ce n'était rien moins que le pivot qui était cassé. Que faire? Pensant à mon voyage, il me sembla qu'une voix murmurait à mon oreille: "Adieu veau, vache, cochon, couvée!"

Enfin, mieux valait être Perrette que le bon curé de Messire Chouart.

Seul, sur une route inconnue, à dix ou douze kilomètres de Reims, et à moitié rompu par mon saut périlleux, je tâchais de résoudre le grand problème du moment. Si jamais vous vous êtes vu forcé de conduire à la main votre cheval qui s'est couronné, ou bien de suivre à pied une voiture de louage que vous avez engagée pour vous faciliter le chemin, vous comprendrez ma répugnance à faire le reste de la route à pied. Le ciel devenait orageux et menaçant, et déjà le tonnerre grondait au loin; aussi ne tardai-je pas à prendre mon parti, et, consolidant tant bien que mal la pièce cassée avec une cheville de bois et de la ficelle, je remontai tout doucement en selle, et, en allant lentement avec prudence, prêt à chaque instant à faire une mauvaise chute, j'eus le bonheur d'achever ma route sans autre accident qu'un long retard.

Reims.

Grâce aux conseils de notre consul (C. T. C.), je fis envoyer mon bicycle à un bon mécanicien qui promit de me le réparer de manière à reprendre mon voyage le jour suivant d'assez bonne heure. Il tint parole. En attendant, je repris le chemin de l'hôtel de la Maison Rouge.

On y révère encore la mémoire de Jeanne d'Arc qui y fut hébergée, elle et sa famille, aux frais du conseil de ville, l'an 1429, lors du sacre de Charles VII; l'hôtellerie s'appelait alors l'Ane Rayé. Je m'y reposai des fatigues du matin, et, sans plus attendre, je me rendis à la vieille cathédrale, si fameuse dans l'histoire des rois de France. Elle date de 1212. Pour tout étudiant de l'histoire, ces reliques des temps passés sont de vrais amis, avec lesquels vous conversez et rappelez en traits vivants les divers événements qui y ont eu lieu. Ces nombreuses statues, il y en a jusqu'à 122 au seul pourtour des portes de l'ouest, semblent s'animer et vous raconter ce qu'elles ont vu: c'est un vaste livre sublimement illustré qu'un pareil édifice. Et puis, de quel sentiment de paix et de recueillement ne se sent-on pas pénétré sous ces voûtes sonores, qui semblent attirer les pensées vers les régions d'en-haut. Qu'elle est belle, persuasive et mystérieuse, cette éloquence des cathédrales, qu'elle s'applique bien à une religion, douce, noble, idéale!

Je visitai aussi la vieille église de St. Rémi et le magnifique tombeau de son patron.

Tout en passant sur la place Royale, je vis la statue du bon roi Louis XV, l'ami du peuple! . . . Quelle dérision! Quel titre pour cet homme, rendu à tout jamais tristement célèbre par son inertie, par sa volupté, par sa lâche et insouciante conduite, dépeinte dans ses propres paroles " Après moi la débâcle! " Lui, l'Ami du Peuple! . . . Oui bien, le pire ennemi de sa race et de sa patrie. Ne l'a-t-il pas plongée, cette pauvre patrie, dans les malheurs d'une guerre fatale pour satisfaire aux désirs de ses infâmes courtisanes, viles compagnes de ses orgies? N'a-t-il pas tout fait pour préparer la voie aux atrocités dont la Révolution porte le blâme? . . . Qu'on laisse la statue, mais qu'on en change l'inscription menteuse et perverse!

Après une assez longue promenade dans la ville, j'arrivai aux fameuses caves de Madame Pommery. Je m'adressai au Chef, qui m'octroya ma demande et me pourvut d'un guide pour visiter l'établissement et ses souterrains. D'autres visiteurs étant arrivés au même instant, nous partîmes tous ensemble, les messieurs armés d'un bougeoir à long manche. Nous descendîmes un grand escalier de je ne sais combien de marches, qui nous conduisit dans d'immenses souterrains, tous taillés dans la craie vive et formant en tout une longueur de neuf kilomètres. Ce n'est pas par milliers ou centaines de mille qu'on y compte les bouteilles, mais par millions: au dire de notre cicerone, il devait y en avoir environ dix millions! Tout en parcourant ces couloirs, rendus étroits par les piles de bouteilles qui s'élèvent de chaque côté, je ne pouvais m'empêcher d'admirer la dextérité des ouvriers, occupés au charriage des paniers pleins ou vides; ils marchaient si rapidement qu'ils semblaient menacer d'une ruine complète les nombreuses bouteilles qu'ils effleuraient en passant.

Notre pilote nous montra en détail les nombreux procédés par lesquels doit passer le champagne avant d'être mis en vente. Ce n'est pas sans un certain plaisir que nous quittâmes ces sombres caveaux où Bacchus règne en maître. Dans un des deux ou trois immenses tableaux sculptés dans les parois, l'artiste a représenté le dieu du vin, grandeur naturelle, entouré de son nombreux cortège de bacchantes.

Cette maison fournit le premier champagne de France, et, par conséquent, du monde entier: grâce à la civilité de Monsieur le Chef des caves, j'eus le plaisir de m'en assurer par moi-même et sur place.

Après une soirée charmante passée en bonne compagnie vélocipédique, je rentrai à la Maison Rouge, où je ne tardai pas à céder au sommeil.

De Reims a Sédan.

Je pris congé de la vieille ville épiscopale, accompagné du Consul du C. T. C., qui voulut bien m'escorter quelques milles. Nous fîmes une petite halte à Vitry-les-Reims, et nous nous séparâmes.

La route était déserte et le paysage assez monotone; je quittai le département de la Marne pour pénétrer dans celui des Ardennes. Je ne sais quelle inclination m'attire à lire les inscriptions des pierres et croix tumulaires que l'on rencontre assez souvent dans de pareils voyages, mais je ne résiste jamais à cette espèce de curiosité maladive. Je venais de passer la frontière départementale, et me trouvais dans un endroit solitaire et boisé, lorsque mon attention fut attirée par l'un de ces petits monuments funèbres: Un malheureux passant, se rendant chez lui vers la tombée de la nuit, vit tout à coup surgir trois agresseurs du fourré voisin. C'est en vain qu'il se défendit à outrance; il succomba sous les coups de ses assaillants qui le pillèrent et le laissèrent mourant sur le bord du chemin. C'est là qu'on retrouva son cadavre. Je remontai en selle, murmurant encore les derniers mots de l'épitaphe, "Mon Dieu, ayez pitié des voyageurs."

Grâce à une bonne route, j'arrivai en peu de temps à Réthel, où je ne fis qu'un court séjour.

Ce jour-là, j'avais compté faire la route avec quelques amis, aussi la solitude commença à peser sur moi, et je résolus de m'arrêter et de passer la nuit au premier joli village que je rencontrerais. J'étais tout près de Launois, quand une averse copieuse coupa court à mon indécision, et bon gré mal gré je m'y arrêtai pour aller me réfugier, à l'abri de la pluie, au petit hôtel de la Halle.

Là, je dînai avec le percepteur des impôts, qui, pour égayer le repas, ne parla que chien et que chasse; il disparut quand j'eus enfin réussi à lancer l'aubergiste dans un débat politique des plus intéressants. Je suis bien sûr que plus d'un de nos grands députés et orateurs du jour aurait ri de nos idées et de notre discussion en général. Il faut l'avouer, elle n'était ni bornée ni emportée, et, sans doute, assommante, car elle n'était assaisonnée que de bon sens et d'une certaine civilité réciproque, inconnue à la rhétorique des hâbleurs de la Chambre. Dégustant en paix mon café noir et étudiant l'orateur à travers la fumée odorante d'une cigarette amie, je me pris à penser combien de bonnes gens dans les contrées environnantes auraient pu se vanter d'être plus modérés, plus logiques que mon hôte de ce soir-là, quel Anglais aurait pu se montrer plus pratique, quel Allemand plus sérieux ! Je me demandais aussi ce qui resterait du patriotisme de beaucoup de gens si on le dépouillait de tout amour-propre, de tout vestige d'intérêts personnels ; pardonnez-moi si j'ai l'air d'un sceptique, mais je crains fort qu'il ne resterait que peu de chose, et que très-souvent ce que l'on appelle d'un si grand nom ne soit au fond qu'un égoïsme vénal et terre à terre.

Notre bon "paysan du Danube" s'étant tû, je me retirai pour la nuit.

Le soleil me trouva prêt à partir ; la matinée était superbe. J'avais à peine quitté Launois que je fus attaqué par un chien énorme ; force me fut de mettre pied à terre pour faire face à mon adversaire. Ce dernier avait compté sans son maître, qui, le rappelant à son devoir, lui donna une correction exemplaire. Je l'en remerciai, tout en enregistrant le fait dans mon calepin. C'est l'un des rares propriétaires de chiens qui se soient jamais montrés dignes d'en posséder un.

SÉDAN.

Près de Domchéry, je rencontrai une troupe de hussards et de lanciers à cheval; mes idées volèrent de suite dix-neuf ans en arrière; j'approchais de ces lieux de triste mémoire avec la même sensation que l'on éprouve à la réception d'une lettre que l'on sait contenir de mauvaises nouvelles. Mon cœur battait et mes yeux contemplaient avidement cette riante et paisible vallée que la passion de quelques-uns avait alors transformée en un lieu de carnage et de feu. Et cette Meuse qui coule à présent si paisible, que de souffrances n'a-t-elle pas terminées, mais aussi que de cœurs jeunes encore n'a-t-elle pas étouffés dans ses vagues rougies alors de sang humain! Sédan, ce mot tragique qui retrace en traits sanglants l'histoire et la chute d'un empire, le deuil de toute une nation précipitée dans une guerre aussi infâme qu'elle fut insensée!

A Domchéry, je me représentais le courageux Wimpfen signant en frémissant la capitulation de la place et la perte de la seule armée valide qui restât à la France; puis Bellevue, où, préférant survivre à sa disgrâce, le malheureux empereur manqua de cœur et rendit son épée; à gauche, Floing, théâtre des charges terribles mais inutiles de la cavalerie, et, tout près, Sédan lui-même, "cet affreux rendez-vous" de septembre, 1870! Quoique venu dans la seule intention de vivre du présent, il me fut impossible de ne pas songer aux journées fatales de '70. De l'hôtel de l'Europe où j'étais descendu, je m'acheminai sur ma paisible monture vers Balan, et, de là, à Bazeilles, de sinistre mémoire, théâtre d'une résistance opiniâtre et d'un triomphe farouche et cruel.

J'entrai dans la fameuse maison de la Dernière Cartouche, criblée encore de trous de balles et d'obus. Les habitants, pour conserver l'endroit intact sans avoir trop à souffrir des courants d'air, se sont servis de vieux chiffons pour boucher les orifices.

On y a arrangé deux petits musées, l'un en bas, l'autre au premier étage. Là, se trouvent rassemblés des obus, des balles, des fusils, des restes sans nom d'armes et d'habillements, tandis que des baïonnettes recourbées forment un candélabre fantastique et grimaçant qui pend du plafond. On y voit, dans un cadre, les photographies des généraux qui prirent une part active dans la bataille, et deux allumettes en croix distinguent entre autres celle de Von der Tanne, le général bavarois, qui, exaspéré par la résistance et son premier échec, ordonna l'incendie et la destruction du village. Après un pareil combat, il ne pouvait pas en rester grand'chose, et cet officier aurait pu, sans épargner ses ennemis, s'éviter à lui-même et à ses soldats une triste célébrité.

Je me dirigeai ensuite vers le cimetière, où je me fis ouvrir l'ossuaire. Figurez-vous une voûte sombre et basse, divisée en caveaux s'ouvrant des deux côtés de l'allée centrale ; dans chacun, de deux à quatre rangées de crânes décharnés et hideux, grimaçant d'un air sinistre et moqueur, et comme formant la bordure d'une couche immonde d'os de jambes, de bras, de troncs humains, dont quelques-uns n'étaient pas même entièrement décomposés. On y voyait le cadavre encore habillé de l'un de ces infortunés villageois, fusillés de sang-froid par les ennemis.

Là, entourée de sa cour de crânes mutilés et d'ossements blanchis, se trouvait une tête assez bien conservée; la bouche était grande ouverte, les yeux enfoncés, l'expression réflétant des tortures inouïes, une agonie intense et horrible. Voilà la guerre, voilà ses triomphes et sa gloire! Voilà la tête qu'il faudrait placer sur les épaules de la Victoire, cette figure repoussante et terrible dont le souffle empesté tue, n'épargne rien, sème la haine où la concorde et la prospérité devraient régner sans rivales.

Ils étaient là six mille, amis et ennemis, dormant à tout jamais, réunis dans la mort et ne s'en voulant plus.

Je quittai ce sombre charnier, et, me réfugiant sur la terrasse, j'y secouai l'affreuse vision que je venais de contempler. Mon guide obligeant me retraça les différentes péripéties du grand drâme du 31 août et du 1er septembre, 1870. De cet endroit, j'assistai en esprit à la bataille; je voyais les armées allemandes emporter l'une après l'autre les hauteurs autour de Sédan, enlacer cette malheureuse position dans ses bras de fer et de feu, et prêse à l'écraser de leur formidable artillerie; alors il me sembla entendre l'Empire agonisant criant "grâce" au vainqueur; grâce qui lui fut plus funeste que la mort, grâce qui, en lui conservant un souffle de vie, lui ravit son honneur à tout jamais perdu.

Je quittai bientôt ce funeste champ de malheur et m'enfuis de Sédan, pour éviter ses tristes souvenirs.

La campagne avait partout repris l'aspect de la paix et de la prospérité; et je m'en voulais d'avoir remué les cendres des morts, d'avoir soulevé un coin du vaste linceul qui cache le passé. Il faut bien avouer qu'il occupe une telle place dans notre vie qu'il serait impossible de l'oublier, surtout si l'on compare son rôle à celui que remplit notre avenir, but incertain, vers lequel nous courons sans autre guide que celui de notre expérience.

Ma route conduisait vers la frontière belge, passant par Givonne.[1] Ce petit village fut pris par les Würtembergeois, et les habitants y assistèrent au grand combat d'artillerie qui se livrait au-dessus de leurs têtes. Sur ces hauteurs où tonna le canon, je ne rencontrai qu'un commis-voyageur, confortablement assis dans sa berline, jouant " Malbrouck s'en va-t-en guerre " sur un flageolet de deux sous. Il me lança une salutation des plus joviales, et, admirant sa philosophie, je tâchai de l'imiter; je n'y réussis guère, car elle fut bientôt mise à une rude épreuve, cette pauvre philosophie d'emprunt. La route était en réparation, non pas comme dans certain pays où l'on se contente d'étendre de gros cailloux sur les routes, et de laisser aux voitures le soin de les enfoncer; non, on refaisait la route avec intelligence, avec science, et aussi avec les engins nécessaires.

Il me fallut donc renoncer à ma selle et pousser ma monture l'espace d'un ou deux kilomètres. Je

[1] Je m'y débarrassai de tous mes timbres français et surtout d'une collection de cartes postales dont je m'étais pourvu au sommet de la Tour Eiffel et que j'avais encore sur moi. J'y réglai ma correspondance avant d'en repartir.

passai bientôt le dernier village français, La Chapelle, et m'enfoncai sous les bois qui couvrent la frontière franco-belge.

La vallée de la Semoy.

La route descendait presque sans interruption et conduisait à travers de belles forêts le long d'un ruisseau, qui, de temps en temps, coulait en vrai torrent ; elle avait été en partie défoncée par les pluies récentes, mais, l'inclinaison aidant, je ne m'inquiétai nullement de la boue, et tout alla à souhait. Les douaniers belges, si tant est que j'en aie rencontré, ne firent pas même attention à moi. La solitude était profonde, voire même oppressive ; je venais aussi de quitter l'air frais et vivifiant des hauteurs pour entrer dans une atmosphère tiède et humide. Tout à coup, il se fit comme une éclaircie, et je trouvai un charmant coup d'œil sur la pittoresque vallée de la Semoy, avec ses méandres, ses côtes abruptes et ses bois profonds. Le vieux château de Bouillon la dominait de sa silhouette grise et ressemblait au génie tutélaire de la solitude de ces lieux. Par les beaux jours d'été, ce pays doit être un vrai paradis pour l'amateur d'une nature vierge, d'un paysage où la sauvagerie et l'aridité des rochers se fondent dans les contours volupteux des bois, et se reflètent dans le miroir d'une rivière aux eaux claires et limpides.

Arrivé à Bouillon, je devins l'objet de la curiosité des gens et des vaches. Dans cette partie de la Belgique, on dîne vers les une heure et on soupe le soir. En attendant que ce dernier repas fût prêt, j'allai explorer les environs de mon hôtel ; je pris machinalement le chemin du château, m'arrêtai un moment à l'église et continuai ma promenade. Le vieux donjon n'étant pas accessible, je remis la partie au jour suivant, et je donnai toute mon attention à la flore du pays. Elle doit être très-riche. Je passai le temps à me remémorer les leçons du bon professeur Reuter, en tâchant d'appeler par leurs noms savants les nombreuses fougères qui y avaient établi leur habitat. Qui n'a pas admiré leurs frondes délicates, tantôt frêles, tantôt élancées, mais toujours admirables, se courbant gracieusement comme pour abriter une modeste fleur qui croît chastement à leur ombre, ou bien toute une famille de ces petits êtres sans nombre qui peuplent nos bois et nos plaines ? Tout en botanisant en amateur, j'avais repris le chemin de mon gîte, où, suivant l'exemple des autres touristes, je m'assis sur l'un des bancs de l'hôtel. Mais, ô malheur ! ces bancs, à l'apparence si confortable et si hospitalière, n'étaient qu'un abominable guet-apens, et de toute la soirée je fus réellement misérable. Je ne pus pourtant pas m'empêcher de sourire, en voyant empreinte sur maints visages une agonie qu'ils avaient peine à dissimuler, aussi je compris que je n'avais pas été le seul pris au piège.

A table, mon compagnon de gauche était un militaire français dont la conversation m'intéressa vivement. Nous parlâmes un peu de tout et si tous lui ressemblent, à lui et à ses camarades alors présents, je ne puis m'empêcher de croire qu'il s'est fait en France une grande révolution dans les esprits. Résolu sans bravade, posé, déplorant l'énorme perte de temps que cause le service, mais tâchant d'en profiter le plus possible, tel était mon soldat de 1889. Si cent ans de troubles ont mûri le peuple français à ce point, il n'y a plus à les regretter.

Le lendemain, nous étions cinq ou six à déjeuner ; n'ayant rien de mieux à faire, nous résolûmes d'aller visiter le vieux repaire de Godfroy de Bouillon, créé roi de Jérusalem en 1099.

La première terrasse sert de place d'armes. De là, on passe le premier des deux ponts-levis qui défendent l'entrée. L'ancien château a été doublé ou même triplé en étendue par ses propriétaires successifs, et les Hollandais ont dû y faire beaucoup de changements, car leur nom revenait constamment à la bouche de notre cicerone. La plus ancienne partie de cette construction immense est taillée dans le roc vif, et l'on montre encore les fauteuils, dits de Godfroy, d'où il surveillait par une meurtrière les routes de France et de Flandres. Ce sont de simples sièges très étroits, au fond de petits couloirs, le tout taillé dans le roc ; je m'y installai pour tâcher de me représenter cet ancien preux des croisades guettant ses ennemis, ou une proie plus facile, de son vieux nid de hibou. En moins de deux ou trois minutes, je n'en pouvais plus, et je suis bien convaincu que ni le vieux Croisé ni ses successeurs ne se sont jamais attardés dans ces trous détestables au possible.

Notre guide nous conduisit ensuite dans le sombre cachot où les ducs retenaient leurs prisonniers ; pour tout mobilier le malheureux détenu n'avait que des chaînes ; pour toute espérance la torture et les terreurs des oubliettes dont la grille s'ouvrait au milieu de son horrible cellule, pour toute compagnie des rats repoussants, pour toutes distractions les grincements de la roue, les râles des victimes et les cris des animaux immondes qui se disputaient—les restes de ceux qui l'avaient précédé dans l'horrible trou des oubliettes, cet emblême par excellence de la justice du bon vieux temps. Contiguë à la prison, se trouve la chambre des tortures, et le concierge actuel se plut à nous décrire le résultat de ses recherches au sujet des supplices infligés dans ce caveau, jadis l'asile de la cruauté barbare et révoltante des gens en possession. Dans notre âge de sentimentalisme, le prisonnier coupable a toute notre compassion, tous nos égards ; on oublie même ses victimes. On semble aimer à trouver le mal pour pouvoir faire ostentation des nobles idées philantropiques de l'époque. C'est là une espèce de charlatanisme religieux, qui, sans raison d'être, ne laisse pas d'avoir une grande vogue. Autres temps, autres mœurs !

Au centre du vieux donjon se trouve un puits d'une grande profondeur ; un petit pistolet qu'on fit partir à son orifice y produisit des détonnations formidables qui se perdirent enfin, semblables aux roulement d'un tonnerre lointain ; de simples petits cailloux y tombèrent avec le fracas d'un grand éboulement.

Du sommet de la terrasse supérieure, nous pûmes admirer à notre aise la vue magnifique qui s'offrait à nos regards. La nouvelle ligne qui mènera d'ici à Palizeul gâtait bien un peu l'harmonie du paysage, mais, avec le temps, ses talus et ses remblais s'harmoniseront un peu mieux avec la teinte environnante. La vallée de la Semoy vaut bien une visite; elle a jusqu'ici gardé son cachet sauvage et retiré, et le touriste amant de la nature vierge y trouvera sûrement ce qu'il cherche d'habitude dans une contemplation paisible des œuvres du Créateur.

Je quittai Bouillon dans la matinée pour reprendre la route de Sédan, que je ne tardai pas à laisser sur ma droite, et je dirigeai ma course sur Florenville.

Grâce à un chemin montant, à une température humide et chaude, je fus bientôt tout en sueur; c'était à faire pitié; et puis quelle solitude sur cette route qui semblait aller se perdre dans l'immense forêt des Ardennes.

Mon timbre, que faisait sonner de temps en temps une pierre détachée, troublait seul le silence de ces bois et la monotonie du voyage. Enfin je cessai de monter et je cheminais tranquillement, songeant et savourant les charmes de cette solitude profonde, quand du bruit dans la feuillée attira mon attention, et presque au même instant un homme surgit de dessous le couvert. Sa mine rébarbative, son accoutrement de contrebandier, n'avaient rien de bien rassurant; je l'examinais attentivement, lorsqu'un chien, à l'air sagace mais hargneux, déboucha de la forêt et faillit me sauter dessus. "A bas!" criai-je, et je lui cinglai le museau d'un vigoureux coup de ma cravache; je piquai des deux et passai devant mon homme, aussi surpris de mon apparition que j'avais été de la sienne. Tout cela occupa l'espace de deux ou trois secondes.

Laissant échapper un affreux juron, mon mauvais garnement, vexé d'avoir laissé échapper une si bonne proie, et désireux de venger son chien, le lança après moi et se mit à courir de mon côté. Puis tout à coup se ravisant, il fit entendre un long coup de sifflet auquel en répondit un autre en avant sur ma droite. Il n'y avait pas de temps à perdre ; je rengaînai mon fouet, et, dans un grand emballage, je luttai de vitesse avec la bête enragée qui me poursuivait, mais sans toutefois perdre de vue aucun de ses mouvements. Quelques coups de pied qui portèrent juste la tinrent à distance ; du reste elle n'avait sûrement pas encore oublié ma cravache. Ma seule chance d'échapper était de distancer son vaurien de maître autant que possible, et aussi de dépasser celui de ses amis qui semblait ne pas être très éloigné. J'allais donc à fond de train, lorsque, tout à coup, je vis devant moi un chemin défoncé et couvert de pierres. M'y engager eût été folie. Il n'y avait qu'un parti à prendre et soudain, saisissant ma seule arme défensive, je sautai à bas, précipitai mon vélocipède sur le chien qui pris à l'improviste fut presque renversé par le choc de la roue de devant, et reçut en même temps un tel coup de ma cravache qu'il en hurla de douleur. Il se sauva à toutes jambes ; c'est tout ce que je demandais ; je complétai sa déroute en le bombardant de pierres.

Je ne m'arrêtai pas à chanter victoire, car je m'attendais à voir apparaître quelque nouvel assaillant qui aurait bien pu me jouer un mauvais tour. Aussitôt l'endroit difficile passé, je remontai en selle, et, l'œil au guet, l'oreille tendue, je filai sans perdre de temps.

Une chose commençait à m'inquiéter : je ne savais pas au juste où je me trouvais. Je craignais de m'être perdu pendant ma chasse à courre ; heureusement que ma bonne étoile veillait sur moi, et j'émergeai bientôt de dessous le couvert de ces vastes forêts et de leur labyrinthe d'allées transversales.

Je dînai à Florenville. J'y rencontrai, ce jour-là, l'une des plus jolies têtes que j'eusse encore vues pendant mon voyage ; c'était une charmante enfant à l'air espiègle et intelligent, et qui comptait peut-être huit printemps. Pendant que je l'examinais à loisir, ma petite gamine se mit à en faire autant à mon égard, et tout à coup, "O les beaux mollets !" fit-elle, et puis de partir d'un bon petit rire qui lui seyait à merveille. Notre admiration était réciproque. Je ne m'étais jamais senti si bien fait, et le niveau de mon amour-propre n'avait encore monté ni si rapidement, ni si haut.

Un peu plus loin, je fis environ un kilomètre à pied avec un bon curé de l'endroit, et dont je goûtai beaucoup la conversation enjouée et intéressante. J'aurais volontiers prolongé notre entretien, mais le soin de ses ouailles le rappelait dans sa paroisse qui ne se trouvait pas sur mon chemin.

Cette même après-midi, je fis beaucoup de rencontres, quelques-unes agréables et d'autres qui ne l'étaient guère. Je ne veux pas parler de deux chiens qui malheureusement pour eux ne s'attendaient pas à trouver un vélocipédiste sur le qui-vive, armé d'une cravache qu'il avait appris à manier à leur détriment : le fait est que c'était jour de fête. Alors les gens ne sont rien à demi : ou tout bons ou tout mauvais; mais, avec un peu de philosophie, je continuais mon chemin "me moquant des sots, partout supérieur aux événements."

Je ne pouvais pas être bien loin d'Arlon où je comptais m'arrêter, lorsque j'eus à défiler au milieu de nombreux militaires. Quand on se fut assuré que je parlais français, je fus de suite entouré, harcelé de questions, et force me fut de mettre pied à terre pour satisfaire mes curieux. L'un d'eux me pressait de lui laisser essayer ma monture; je n'en avais nullement l'intention, mais, comme il prétendait savoir monter un grand bicycle ordinaire et mépriser la bicyclette, je me promis de rire et de faire rire à ses dépens. "Eh bien," lui dis-je, "essayez." Je lui donnai en même temps quelques conseils plus salutaires pour la machine que pour lui-même en cas de chute, et je l'invitai à monter en selle. En moins de temps que je n'en mets à le dire, les rôles furent intervertis, et mon malheureux soldat forma une espèce de coussin sur lequel reposait le coursier méprisé. Je vous laisse à penser les rires de ses camarades et le mauvais plaisir que je pris à lui demander s'il ne s'était pas fait mal.

Peu après, je faillis être puni de ma méchanceté, car peu s'en fallut qu'il ne m'arrivât le même malheur. A la descente de la côte qui conduit au pied de la colline d'Arlon, mon caoutchouc se décolla et faillit me désarçonner. J'arrivai pourtant sain et sauf à l'hôtel du Nord, où le fils du propriétaire, ainsi que mademoiselle sa sœur, m'aida à réparer le mal.

Le dîner fut égayé par les joyeux propos de quelques jeunes officiers en tenue civile, qui fêtaient la promotion de l'un d'entre eux. De là, je me rendis au concert public, donné par la musique militaire.

Le jour suivant j'arrivai de bonne heure à Luxembourg. Quelle jolie ville! quelle bonne forteresse elle a dû faire pendant les siècles passés! Grâce à la neutralisation du duché en 1867, les remparts furent condamnés et la forteresse démantelée. De nombreuses tours, de grands pans de murailles en ruines, des restes de forts démolis, attestent encore son ancienne force naturelle et artificielle. Bâtie sur un rocher à pic du côté de l'Alzette, sa position stratégique est naturellement assez forte pour arrêter les progrès de toute une armée ennemie.

Je descendis vers les bords de la rivière, en suivant une route tracée sur la crête du rocher, et je m'engageai dans une vallée charmante, mais étroite, qui menait à Neudorf. A environ huit kilomètres plus loin, je dévalais sur le versant boisé d'une colline, lorsqu'à l'un des coudes de la route en lacets je vis un banc si admirablement situé que je m'y arrêtai pour jouir à mon aise d'une vue splendide sur la plaine de Niederanven qui s'étendait à mes pieds. J'aspirais à pleins poumons l'air pur, embaumé par les sapins qui m'entouraient: quel contraste avec celui de nos villes brumeuses et enfumées!

Une fois dans le village, j'admirai le calme toupet d'un musicien ambulant, possesseur d'un accordéon, aux sons criards et métalliques, dont il tirait le plus grand parti. Allant de porte en porte, il entrait dans les maisons; une fois installé dans le vestibule ou ce qui en tenait lieu, notre homme comprimait son abominable soufflet dont les premières aspirations attiraient sur le champ l'habitant du logis. Ce dernier, heureux de s'en défaire à si bon marché, se hâtait de le congédier en lui donnant une pièce de quelques centimes. En cinq minutes il avait levé ses contributions dans trois maisons; le village entier doit lui avoir pris à peu près une heure et demie. C'était curieux à voir.

Je me trouvai peu après sur les bords de la Moselle, et traversant son affluent, la Sure, à Wasserbillig, j'entrai sur territoire germanique.

La Moselle.—Trêves.

En passant Igel, j'eus le plaisir d'inspecter la fameuse Heidenthurm, ou tour des païens; c'est un monument funéraire en forme de colonne carrée, sur laquelle sont encore visibles des sculptures représentant certains personnages mythologiques. Elle commence à avoir l'air bien délabrée.

La route qui conduit à Trêves est bordée de deux belles rangées d'arbres et traverse une contrée fertile. Une fois dans la ville, ce qui me frappa le plus, ce fut le grand nombre des uniformes militaires qui émaillaient les rues; nulle part encore, si ce n'est à Arlon dans le voisinage duquel avaient lieu des manœuvres, n'avais-je vu tant de soldats.

J'en observais bien quelques-uns qui n'avaient décidément pas l'air martial, surtout cet enseigne improvisé à l'étendard étrange dont la hampe était le bras étendu du militaire et le drapeau, ô dérision! un jupon de femme frais empesé et si vaste que ce brave guerrier aurait pu disparaître en entier dans ses amples plis et replis. Je ne critique pas ; je ne fais que raconter, mais je vous jure que mon humeur militaire, si tant est que j'en aie une, a reçu ce jour-là une fameuse douche d'eau froide ; peu après j'eus tout le loisir de m'accoutumer à ces excentricités-là.

Le pavé du Vieux Trévir est tout simplement abominable, et ce fut avec plaisir que je fis halte devant mon hôtel. Là, on relégua ma pauvre monture sous une espèce de hangar, infesté par une armée de volaille dont la malpropreté est à juste titre proverbiale. Je protestai contre ce séjour infect, mais on me promit que ce ne serait que pour un moment ; j'eus la faiblesse de le croire.

Après la toilette d'usage et le dîner de nécessité, j'allai courir la ville. Je consacrai ma première visite à la cathédrale, l'une des plus vieilles églises de l'Allemagne, et dont les caveaux contiennent les restes de vingt-six évêques, pour la plupart électeurs. On vante beaucoup la sainteté des reliques de son trésor. Avec la basilique et le vieil amphithéâtre romain, ce qu'il y a de plus remarquable à Trêves, c'est sans contredit la Porta Nigra, ancienne construction romaine qui a survécu aux troubles du moyen-âge, à la turbulence des évêques-électeurs, dépouillés sans retour de leur pouvoir temporel par le traité de Lunéville en 1801. Cette porte est bâtie d'immenses blocs de molasse, reliés ensemble par des crampons de métal. Je n'eus malheureusement pas le loisir d'en visiter l'intérieur. Je quittai de bonne heure cette vieille cité et ses curiosités, et me recommandant à la protection de son égide, dont la statue colossale s'élève sur la rive opposée de la rivière, je m'éloignai.

Je côtoyai la Moselle sur une route en mauvais état, et que je résolus de quitter pour aller à Wittlich. Je hêlai donc le passeur, et le bac me déposa, pour la somme de dix pfennige, sur la rive gauche. Je passai l'eau en compagnie d'un jeune taureau. La curiosité bovine le poussait à lier connaissance avec ma propre monture; je m'y opposai fortement, et ma cravache servant d'interprète, lui expliqua clairement ma pensée: il se le tint pour dit. Ces bonnes bêtes sont curieuses au possible, et si jamais il vous arrive d'en rencontrer un troupeau, vous les verrez s'arrêter, vous regarder venir presque à portée de leurs cornes et soudain détaler en lâchant une bonne ruade qui est du reste tout à fait inoffensive; à leur approche brandissez votre fouet ou une baguette, et vous pouvez être sûr qu'elles se rangeront de côté pour vous éviter. Une seule fois, il m'est arrivé d'être poursuivi par une de ces étourdies, mais elle abandonna bien vite la partie.

Ma nouvelle route me conduisit à Wittlich, à travers un joli pays accidenté, mais sans grande attraction, aussi repris-je le chemin qui me ramenait vers la Moselle. De Bengel à Alf, je parcourus un petit vallon quelquefois sauvage, mais presque toujours d'un pittoresque charmant aux contours gracieux, mollement ondulés. La rivière Alf, chantant son refrain monotone, coulait coquette et limpide, formant çà et là de petits lacs ombragés d'arbrisseaux, cachant les ébats de ses naïades craintives aux regards des profanes et des curieux. Les délices d'un bain dans ces eaux pures furent une tentation irrésistible. Tout y invitait : la solitude profonde, la chaleur de la journée et la fatigue du voyageur.

Je poussai une reconnaissance en amont dans la direction de la charmante station balnéaire de Bietrich pour revenir sur mes pas et retrouver la Moselle.

La soirée s'annonçait belle, et, assis sur la terrasse d'un petit hôtel à Aldegund où je venais de prendre un léger repos, je m'abandonnai à un délicieux *far-niente*. Jouant avec la fumée odorante d'une cigarette, j'assistai comme dans un rêve à cette transformation de la nature qu'on appelle le coucher du soleil, et aux ébats des nombreux habitants des eaux voisines. C'est dans ces moments de bien-être suprêmement égoïste, moments où, comme De Maistre nous le fait comprendre, "l'autre" est si entièrement anéantie que l'âme seule semble exister en nous, que l'on peut apprécier à sa juste valeur les résultats d'un exercice salutaire, d'un sport qui n'a pas son égal. Je suis convaincu que l'auteur en question aurait été de mon avis et qu'il aurait aimé la vélocipédie ; car après avoir accoutumé "l'autre" à la routine de la pédale et du gouvernail de telle sorte que le pouvoir exécutif se soit assimilé le pouvoir législatif, notre âme peut agir à son gré, tout comme un écolier qui lit des yeux et croit étudier sa leçon, tandis que son esprit s'en va trotter par monts et par vaux.

Livré à mes douces méditations, trop fatigué du reste pour être sombre, je laissais le temps glisser en silence et tomber dans l'éternité sans laisser derrière lui rien de son amertume habituelle; mais un char qui vint à passer me rappela à moi-même, et, payant mon écot, j'enfourchai et lui donnai la chasse. La bête n'était pas morte.

Cochem est sans contredit la ville la plus coquette de la vallée. Située à la tête de l'un des méandres les plus pittoresques de la Moselle, elle commande une vue étendue et magnifique, elle-même, avec ses hôtels, son vieux couvent et son ancien château, ne laisse rien à désirer, et se prêterait aisément à un séjour même prolongé.

A Treis, je me fis transporter sur la rive droite. Le paysage, agrémenté cà et là par de vieilles ruines toutes plus pittoresques les unes que les autres, avait ce jour-là un air si calme, si paisible, que ces anciens châteaux forts, avec leur air sombre et leur désolation profonde, juraient avec ce qui les entourait dans ce grand tableau de paix, de recueillement et de prospérité.

Peu avant mon passage, dans l'un des petits villages en aval de la vallée, un grand accident était arrivé à un cycliste. Un maudit chien, l'une de ces brutes hargneuses, bâtards de grands chemins qui ont tous les défauts de leurs parents sans en avoir aucune des qualités, s'était jeté à l'improviste dans les roues d'un grand bicycle et l'avait renversé, lui et son cavalier. Ce dernier était resté sur la route, insensible et le bras cassé. Relevé par quelque âme charitable, il languit encore sous le coup d'une congestion cérébrale.

Il est réellement étrange de voir combien de gens aiment cette espèce de canaille de tous poils et de toutes races; peut-être le proverbe dit-il vrai: qui se ressemble, s'assemble.

Lorsqu'on s'approche de Coblence, la vallée s'élargit, le paysage perd de sa beauté; quant à la route, elle devient de plus en plus mauvaise et ne vaut guère mieux que le pavé détestable de la ville où je faisais mon arrivé.

Cette vieille place forte, autrefois de premier rang, a déchu au point de vue militaire, mais elle n'en est pas moins l'une des cités les mieux situées de la vallée du Rhin. Je ne m'y arrêtai que très-peu, la connaissant de vieille date, et je continuai ma route.

La Lahn.

Poussé par ce désir inné qui m'attire toujours vers la montagne, j'attaquai bravement la hauteur de Ehrenbreitstein. Il faisait une chaleur torride, et c'est avec un sentiment de profond soulagement que j'arrivai enfin au-dessus d'Arenberg. La vue dont je jouis alors me paya de toutes mes fatigues; je tournai de nouveau le dos au Rhin, et après une autre forte montée, j'eus le plaisir de me trouver tout au sommet, près du refuge des gardes-forestiers; là, étendu dans l'herbe, ma carte devant moi, je m'abandonnai à mon humeur admirative. A ma droite, le Rhin, Andernach, les montagnes du lac Laach; devant moi, s'étendait à perte de vue la vaste contrée du Eiffel; derrière, le Westerwald et le Taunus, revêtus alors de leurs plus belles parures aux nuances passant du jaune d'or de l'épi mûr au gris foncé des champs moissonnés, du vert tendre et luxuriant d'une prairie ombragée à la teinte sombre des forêts de sapins.

Et puis, quelle glorieuse descente dans la vallée d'Ems! Mon fidèle coursier, vrai pégase moderne, volait plutôt qu'il ne roulait sur cette route en parfait état. C'est alors qu'on se sent vivre; l'air vous bat le visage; on le respire à pleins poumons, il semble vous entrer par tous les pores, il vous enivre. Ma monture elle-même semblait animée d'un pouvoir invisible; fournissant sa carrière, précipitant sa marche, elle s'emporta bientôt, légère et bondissante, et ne se plia qu'en frémissant au gouvernail et au frein qui veillaient sur sa destinée.

Il était temps d'enrayer, et je fus même sur le point de faire une drôle d'entrée dans Ems.

Cette riante station balnéaire était alors des plus animées. Les nombreux visiteurs qui y passaient l'été se promenaient de côté et d'autre, avec cette allure maladive des gens infirmes ou des désœuvrés. Ils tâchent de tuer le temps qui leur pèse à eux, et qui, à nous, semble toujours vouloir nous faire défaut. Toutefois leurs manières exotiques, ce babel de langues étrangères que l'on y entend, lui donnaient une apparence cosmopolite que l'on aime assez à retrouver quand on voyage.

Je visitai, entre autres, la place marquée par une simple pierre, où fut donnée le treize juillet, 1870, la réponse d'un monarque ennuyé aux représentations d'un ambassadeur ennuyeux. Et dire que ce manque d'égards réciproques coûta la vie à plus de cent mille paisibles citoyens et pères de familles ! Mais passons.

Ayant l'intention de me reposer quelques jours, dans ces environs, je poussai une pointe jusqu'à Nassau ; pendant huit kilomètres je suivis les bords charmants de la Lahn et j'arrivai à ma destination. Je n'aurais sûrement pas pu mieux faire, car là, la vallée s'élargit, ce qui ajoute beaucoup à sa beauté naturelle.

C'est là que repose le gros bourg de Nassau, fier d'avoir produit le noble H. F. K. Stein, dont le nom est l'un des plus précieux joyaux de l'histoire allemande. Son vieux manoir se trouve au centre de la ville ; mais ce qui intéresse le plus le visiteur, c'est le monument que lui ont érigé le patriotisme et la reconnaissance de ses compatriotes. Pour y arriver, on traverse la Lahn sur un petit pont suspendu, et, gravissant le mont de Nassau, l'on parvient en quelques minutes à la statue du grand homme d'état, “Der Deutsche Edelstein.” La belle statue de marbre de carrare représente le vrai patriote debout, sans doute défendant le nouveau projet de réorganisation des États prussiens (11 juin, 1807).

Plus haut, à cinq cents pieds au-dessus de la rivière, se trouvent les ruines du vieux château fort des anciens seigneurs de l'endroit ; l'on y jouit d'une vue magnifique sur cette partie ravissante de la vallée. L'un des plus beaux points de vue que j'y aie rencontrés, s'appelle la Hohe-lai. Un soir, j'arrivai au sommet vers les cinq heures et demie ; je voudrais pouvoir vous décrire le charmant spectacle alors étalé sous mes yeux ; vous ne pourriez vous figurer une plus complète étude des changements de couleur, des contrastes d'ombre et de lumière, des rayons de soleil glissant sur les masses grises de nuages fuyant sous le vent.

Un papillon et une énorme guêpe-frelon qui passait et repassait comme l'éclair, semblaient être les seuls habitants de cet endroit élevé et solitaire. On y avait établi un joli signal avec table et abri. A mes pieds serpentait la rivière avec le bruit monotone de son barrage voisin; à gauche, un vieux château encore assez bien conservé, flanqué de tours et de murs en partie délabrés; plus loin et plus haut, dans une position unique, un couvent et son église; on aurait dit un vrai parc anglais, mais en grand, avec ses vallées et ses collines, ses ravins et ses rochers. La nature s'y est faite coquette; elle charme et captive plus par ses atours que par sa beauté personnelle.

Malheureusement je commençai à trouver les visites de mon énorme frelon un peu trop fréquentes, voire même familières, j'étais sur le point de perdre patience et de lui donner une leçon de politesse, quand je me vis tout à coup entouré d'une demi-douzaine de ses congénères; regardant du côté d'où ils semblaient venir, je découvris, à deux mètres tout au plus, un nid de ces formidables Épipones, vrais dragons, gardiens de cette hauteur. Je battis en retraite aussi tranquillement que possible, favorisé par le vent qui soufflait très-fort, et heureux de m'en être tiré sain et sauf à si bon compte. Réellement il n'y a pas de roses sans épines, dans ce monde.

Les collines environnantes étaient bien boisées,

aussi trouvais-je le plus grand plaisir à me perdre dans leurs vastes forêts pour y guetter à loisir les ébats des nombreux écureuils et de tous ces êtres inoffensifs que, grâce à l'ouverture de la chasse, on allait bientôt décimer.

Un jour que je lisais assis à l'ombre, dans le voisinage de cette jolie maisonnette où Stein aimait à prendre le café, un jeune écureuil s'en vint me faire une visite ; de mes genoux il sauta sur mon livre; qu'y lut-il, ou plutôt qu'y vit-il ? je ne sais, mais soudain me saluant d'un coup de panache, il partit comme il était venu et disparut dans les broussailles.

A propos d'aventures et de visites fortuites, il m'en arriva une assez drôle et que j'appellerais volontiers un vrai supplice de Tantale. Malgré les pronostics peu douteux d'un orage prochain, je m'étais aventuré à faire une longue excursion ; je fus atteint par une pluie torrentielle; je me réfugiai sous un arbre à l'entrée d'une cour et là, appuyé contre mon vélocipède, j'attendis patiemment la fin de l'averse.

Il n'y avait pas bien longtemps que je faisais faction, quand une jeune fille élégante et charmante sortit de la maison et s'élança à travers la cour, en baissant la tête pour éviter les gouttes de pluie qui l'aveuglaient. Elle venait de mon côté en courant, et je pouvais discerner son visage rayonnant déjà de plaisir. Inutile de dire que je m'élevai de suite à la hauteur de la situation, et que je me préparai à recevoir ma gracieuse inconnue aussi agréablement que possible. Un sourire enchanteur se jouait sur sa bouche mignonne, ses lèvres roses semblaient déjà s'allonger, comme pour arriver plus vite à cette communion intime de deux êtres tâchant d'exprimer ce mot si doux qui appartient plus à l'âme qu'à l'intelligence et que le cœur seul ait jamais entendu, ses bras enfin se tendaient vers moi, quand, ô moquerie du sort! cette aimable vision disparut. . . . Une adorable rougeur monta aux joues de ma jolie adolescente, et d'un air confus et mutin: "Pardon, monsieur," fit-elle, "mais je croyais que c'était mon cousin!"

Cher lecteur, vous êtes-vous jamais réveillé au bon milieu d'un de ces rêves d'or qui nous rendent pour quelques moments les plus heureux des mortels? Vous savez combien le réveil est peu désiré, combien l'on aimerait à se rendormir pour suivre le fil de ce songe enchanteur et si peu semblable à la réalité et aux tracas de la vie. Sincèrement, je m'en voulais de ne pas être ce cousin bienheureux; malheureusement je n'en pouvais mais.

Invité à entrer, je le fis sans me faire prier, car la pluie commençait à percer le feuillage de mon abri; je fus sur le point de recevoir une deuxième accolade, grâce à la pénombre de l'appartement, mais le charme était rompu. On rit beaucoup de la méprise, et, quand il me fallut repartir, j'étais décidément de la famille.

Je m'initiais peu à peu aux us et coutumes de la vie intérieure des indigènes.

Un jour on m'invita à un baptême: c'était à Nassau même. Ni les baptêmes, ni les funérailles ne m'ont jamais tenté, et surtout les premiers. Le fait est que j'avais tout à fait oublié la dite invitation que je n'avais du reste pas crue très sérieuse. A mon retour d'une promenade, je tombai, sans y penser, au milieu des convives; je m'excusai tant bien que mal, et proposai un toast à la santé du bébé, sur la grosseur et la santé duquel je m'efforçai de m'extasier. J'avais mis ma conscience de côté et je ne tarissais plus. La bonne maman en était ravie; quant aux autres, je préfère ne rien dire, mes suppositions pourraient bien porter faux.

Je ne sais combien de fois nous bûmes à notre jeune héros; les champagnes français et allemand s'unirent pour égayer les esprits et ne leur montrer que les beaux côtés de notre court passage ici-bas. Tout alla à merveille, mais en vrai célibataire j'ai toujours peur des jeunes époux; leur position est d'habitude si délicate qu'un étranger n'a pas le droit de s'immiscer dans leur compagnie, où son regard dissèque et ramène au terre à terre de la vie matérielle les nobles aspirations de cœurs rajeunis, qui n'envisagent leur carrière que sous son plus brillant aspect.

Excursion a Wiesbaden et retour par la vallée du Rhin.

Mon intention de me rendre à Berlin en compagnie de mon ami B. J. J., qui devait venir me rejoindre à Ems, ayant échoué, grâce à la bureaucratie enragée de quelques employés de la poste, nous nous en consolâmes en faisant une charmante excursion à travers le Taunus, dans la direction de Wiesbaden.

Les nombreuses côtes rendirent la route assez fatigante, mais le beau paysage, à travers lequel nous passions, nous dédommagea amplement de nos peines. Notre course nous fit traverser la pittoresque ville d'eaux de Schwalbach, gentiment située dans une belle vallée.

Plus d'une fois si nos freins nous avaient fait faux-bond, je ne sais trop ce qui nous serait arrivé.

Wiesbaden nous apparut bientôt dans sa pompe d'été. Au milieu de toutes ces toilettes, de ces dandins aux habits de la dernière coupe, de l'élite financière et autre de tout pays, vous auriez cru voir dans vos deux touristes poudreux, deux malheureux Gabaonites en visite dans le camp du triomphateur Josué.

Tant pis pour nous, je l'admets, mais après tout ce n'est pas l'habit qui fait le moine, et malgré notre piètre apparence, nous jouîmes plus de la beauté de Wiesbaden, de son beau Kursaal, de ses jardins et de toutes ses attractions sans nombre, que beaucoup de ces infortunés à la recherche de la santé, et qui semblaient étouffer sous le poids de leurs toisons d'or ou dorées. Nous n'y fîmes pourtant pas long séjour, car j'avais hâte d'aller visiter un de mes amis qui se trouvait alors en garnison à Mayence.

Il nous fallut payer huit pfennige chacun, comme droit de péage, pour traverser le beau pont qui relie Kastel à la rive droite du Rhin.

Notre visite à cette antique cité, plus célèbre encore par ses fameux jambons que par ses redoutables fortifications et par son histoire qui abonde en pages et glorieuses et fatales, fut de trop courte durée pour me permettre de l'étudier à fond et de vous en parler en détail; du reste, le plaisir de revoir un ami vaut bien la satisfaction que l'on éprouve à contempler les reliques, même les plus curieuses et les plus saintes, des âges passés.

Là-bas, sous les arbres touffus des nouvelles promenades, nous jasâmes du bon vieux temps, tâchant de découvrir, au fond d'une bouteille de Johannisberger, quelque heureux présage des jours futurs. La musique jouait les plus beaux morceaux, mais nous avions trop de choses à nous dire pour y faire attention.

Le lendemain, le soleil nous retrouva en selle, filant sur la mauvaise route de Biebrich, aux longs villages mal pavés et interminables; ce ne fut pas sans un sentiment de satisfaction que nous arrivâmes enfin à Rüdesheim. Là, nous gravîmes les côtes du Niederwald, méprisant l'aide du chemin de fer à crémaillère qui vous conduit au monument national.

Figurez-vous une belle statue de femme tenant d'une main un glaive énorme mais non disproportionné, haute d'environ dix mètres et placée sur un piédestal de vingt-quatre; de la hauteur, la Germania domine, et semble vouloir protéger le vieux Rhin qui coule impassible, indifférent à la vaine gloire et aux haines des humains. Que lui importe à lui que ses nautonniers chantent le "Rufst du mein Vaterland," la "Wacht am Rhein," ou "La Marseillaise"? Son chant monotone n'a qu'un refrain :

Men may come and men may go,
But I go on for ever.

Les bas-reliefs du monument sont de grandeur

naturelle et de main de maître. Inauguré en 1883, il n'a cessé de faire vibrer la corde sensible du patriotisme allemand. Je me rappelle avoir gravi cette même colline en compagnie d'un jeune homme qui tous les cent mètres recommençait le refrain "Ein fester Bund ;" soit essoufflement, soit manque de mémoire, il n'alla jamais plus loin que la première ligne ; j'eus beau proposer quelque chose de plus varié, mon héros, une fois arrivé, s'affaissa sur un banc, et, dans son extase, son état d'adoration contemplative, je pus m'esquiver et étudier d'une manière plus raisonnable la belle conception sculpturale du professeur Schilling de Dresde.

Le vapeur nous déposa à Bingen, vieille petite ville où nous ne nous arrêtâmes guère. Nous saluâmes en passant la tour de la Souris, "Mause Thurm," où, d'après la légende, mourut le cruel Hatto, archevêque de Mayence. Ce faux prêtre de la miséricorde d'un Dieu de paix y vint chercher un refuge contre les tracas d'une vie coupable et les reproches d'une conscience révoltée, et c'est là qu'il expira, rongé de remords qui avec l'aide du temps et de la fable ont pris la forme de souris et de rats. Le nom n'est du reste que la corruption d'un vieux mot allemand voulant dire guetter.

Nous descendions alors la partie la plus pittoresque de la vallée du Rhin, contrée chérie, à en juger par leurs châteaux, des vieux chevaliers errants et pillards du moyen-âge.

Les récits historiques sur chacun de ces vieux repaires ne manquent pas, et l'on y prend l'envie d'y faire un vrai pélerinage d'historiophile. Mais, après tout, pourquoi aller s'enterrer parmi les vestiges des temps passés et vivre des souvenirs de ceux qui ne sont plus ? Tant que la force et la santé nous sont données, tant que la selle d'une monture nous semble préférable au fauteuil le plus voluptueux, laissez-nous battre la campagne et jouir des œuvres du Créateur plutôt que de celles de ses créatures ; on y trouve un bonheur plus vrai, une satisfaction plus intime et plus durable.

Nous passâmes bientôt les vieilles murailles de Bacharach et les ruines de son château seigneurial de Stahleck, saluant à notre droite les mânes de Sickingen, hantant sans doute les décombres du Sauerbourg. Puis vinrent Oberwesel et Schœnbourg, lieu de naissance du fameux mais malheureux maréchal de Schomberg. Après s'être voué au service de la France et l'avoir servie fidèlement, il en fut exilé par l'autocratie injuste et stupide de celui qui révoqua l'Édit de Nantes. Pauvre Schomberg, il tomba mortellement blessé au passage de la Boyne en 1690.

Le soleil à son retour nous retrouva en route chantant les vers bien connus de Heine :

"Ich weisz nicht was soll es bedeuten,
Dasz ich so traurig bin ;
Ein Märchen aus alten Zeiten,
Das kommt mir nicht aus dem Sinn."

Qu'elle était belle, la Lorelei, drapée encore des langes brumeux du matin ! Ce beau rocher, qui s'élève à pic à plus de cent trente mètres au-dessus du fleuve, avait alors une apparence sombre mais captivante ; nous comprîmes alors pourquoi l'infortuné batelier du poète se sent tout à coup saisi d'un mal inexprimable, et que, contemplant la hauteur, il ne voit pas les écueils, contre lesquels il va chavirer pour être englouti, lui et sa barque, par les tourbillons des sombres demeures de l'impitoyable sirène.

Nous déjeunâmes à St. Goar; puis prenant congé des magnifiques ruines de Rheinfels, l'une des plus belles de toute la vallée, nous donnâmes libre carrière à nos montures. Qu'il faisait bon humer à pleins poumons l'air pur et frais, et jouir des beautés de la nature, qui, ici, semble savoir tirer parti des vestiges désolés du passé pour s'en parer et se rendre plus coquette.

L'Allemand a si bien compris ce pouvoir d'assimilation du paysage de son pays, qu'il a formé une société nationale d'embellissement. A Ems, il construira la tour Concordia, plus loin un monument, ailleurs un belvédère ou un banc hospitalier dans une situation délicieuse; qui sait si l'on n'en viendra pas à construire des ruines fictives? C'est, du reste, ce que je soupçonne fort d'avoir eu lieu sur le versant du Mont Edgecombe, près de Plymouth: ce monument-là m'a l'air bien moderne.

Le vieux Boppard nous retint quelque temps; c'était anciennement une ville impériale, qui avait été le principal pied-à-terre des frondeurs romains. En 1318 et pendant six ans, ses braves habitants, vendus par leur empereur à l'Électeur de Trêves, tinrent tête aux troupes de leur oppresseur; encore lui fallut-il y construire un fort donjon pour retenir cette poignée de braves dans une obéissance qu'ils ne lui devaient point.

A Oberlahnstein nous nous séparâmes et je rejoignis mes pénates temporaires.

Je quittai bientôt la jolie vallée de la Lahn, après

un séjour prolongé un peu malgré moi. Je dois ce contretemps à un oubli ou à la suffisance d'un employé subalterne. On me fit entendre que, comme ma petite valise venait de France, c'était à moi-même à m'en occuper. On me soupçonnait d'être Français, voilà tout le secret! Pris d'un profond dégoût pour les individus avec lesquels j'avais alors à faire, je leur abandonnai mon passeport qui sembla aplanir toutes les difficultés injustes soulevées par mes persécuteurs, pauvre engeance ignorante et bornée.

Il nous arrive si souvent en voyage d'agrément de changer nos plans, que je ne me formalisai nullement de ce repos forcé et du nouvel itinéraire que les circonstances m'avaient tracé.

La vallée du Rhin—(*suite*).

Si toutes les parties du monde se valent, il faut admettre pourtant qu'il n'y a guère de plaisir à courir sur une route poudreuse et sans grande beauté naturelle; c'est pourquoi je pressai le pas pour arriver de bonne heure à Neuwied.

Ce n'est pas la compagnie qui me fit défaut, surtout lorsque je rejoignis, sans y faire attention, un char rempli de soldats en petite tenue. Il leur prit fantaisie de me barrer le chemin et de me faire profiter du nuage de poussière que soulevait leur attelage. Après une lutte de vitesse assez courte, je pris les devants, au grand déboire de mes amis les militaires qui tâchèrent de prendre leur revanche, en me lançant toute sorte de lazzi, plus ou moins bien dirigés. Quant à moi, je leur laissai la parole, tout en me contentant de les précéder de quelques mètres. A en juger par leur humeur tant soit peu querelleuse, on aurait dit des écoliers mutins qui venaient de se soustraire à la férule d'un maître maussade et sévère.

J'arrivai enfin à ma destination où j'avais l'intention de passer le dimanche à l'hôtel du "Sauvage." A vrai dire, c'est le pied à terre par excellence des gens civilisés qui, pour un prix modéré, y obtiennent

"Bon souper, bon gîte et le reste."

"Le reste" signifie dans ce cas-ci un hôte modèle, jovial et qui a en vue le bien-être de ses visiteurs, une compagnie choisie et une attention assidue sans être trop officieuse et insupportable.

Tout en me promenant, je fus attiré par les sons d'un orchestre jouant les airs favoris du Mikado. C'est étrange combien une simple mélodie peut vous causer de plaisir; elle vous rappelle votre patrie, et, comme par enchantement, vous rend vos amis, vos intimes. Un hymne national fait plus vibrer les cœurs que la plus grande revue, que le plus bel étalage de drapeaux et de trophées!

Un jour et deux nuits au Sauvage m'avaient bien remonté, aussi de crainte de m'abandonner aux délices de Capoue, je repris mes pérégrinations le lundi matin.

Ce jour-là, je faillis être la victime de ma propre imprudence. Comme je traversais l'un de ces villages de la rive droite, entre Neuwied et Lintz, et où les gens ne paraissent pas aimer les bicyclistes, je fus entouré par une bande d'au moins trente gamins et gamines, renforcés d'un assez joli contingent de chiens querelleurs et bruyants. Que faire? piquer des deux? C'aurait été insensé, et un pas modéré pouvait seul me tirer d'embarras. Tout à coup, les hostilités commencèrent; rien n'y manquait: chapeaux, bonnets, pierres et bâtons servirent de projectiles à cette troupe enragée. J'empoignai ma cravache, et un ou deux légers coups me donnèrent un instant de répit. J'étais sur le point de crier victoire, quand, soit par ma propre faute, soit par celle de quelque projectile qui frappa ma badine, l'extrémité de cette dernière se prit dans les rayons de ma roue de derrière, s'y embarrasse, et me voilà arrêté net au moment où j'aurais le plus desiré filer à toute bride. Force me fut de mettre pied à terre. Je dégageai ma malheureuse cravache, tremblant de trouver quelque chose de forcé ou même de cassé, et c'est avec un profond soulagement que je ne découvris aucun dégât si ce n'est que la chaîne avait été mise hors de sa place; seule la bonne qualité de mon vélocipède me préserva d'un grand désastre; pas un seul rayon n'était rompu, voire même faussé.

Entouré de ma horde de petits sauvages, "cet âge est sans pitié," je m'évertuai à réparer le mal, et n'y parvins qu'après dix minutes—dix siècles!—d'une patience angélique. C'est dans de pareilles circonstances qu'il faut être philosophe! Figurez-vous au milieu d'une bande de petits vauriens qui vous ôtent la lumière, s'acharnent à votre timbre, vous crient dans les oreilles et se bousculent pour pouvoir toucher le fameux vélocipède; quelques-uns dans leur grand désir de vous aider et de se grandir aux yeux de leurs camarades moins fortunés, vous rendent la tâche impossible, vous font suer sang et eau, et vous inspirent les expressions les moins fleuries, des souhaits dont la réalisation ferait de vous le monstre le plus affreux que notre terre ait jamais vu naître. C'est dans ces dispositions douces, paisibles, charitables, que je finis enfin ma cruelle besogne et que je pus m'éloigner de ce maudit endroit. Ce ne fut pas sans peine que je réussis à distancer ma gent écolière, mais quoique bien meurtrie, mon arme favorite était encore redoutable et brûlait de réparer sur le dos de quelque mauvais garnement l'affront qu'elle avait subi.

Je traversai plusieurs villages tout endimanchés: c'était jour de foire. La route était bordée de boutiques ambulantes. Un vrai taudis de friperie y coudoyait un bel étalage de châles, de dentelle peu chère et d'ornements de femme; une marchande de friandises causait à gauche avec la fripière, ou à droite avec un savetier, dont l'échoppe attenait aux vitrines improvisées d'un orfèvre-horloger. Il y avait de tout. L'occasion était unique, aussi s'y fournissait-on de tout ce dont on pensait avoir besoin. Du reste, chez beaucoup de personnes, les dames surtout, c'est l'occasion qui constitue le principal mobile d'une emplette quelconque, et tout le toupet et la vergogne de nos charlatans de foire sont basés sur ce principe.

Je passai le Rhin dans un petit bateau qui nous déposa, moi et ma monture, sur la rive gauche où j'allai planter ma tente à Remagen.

J'y employai mon court séjour à attendre des lettres et en même temps à faire des excursions dans les environs.

Je choisis le lac de Laach comme but de ma première course, et quelle course!

Tout alla bien jusqu'à Brohl, mais, de là, jusqu'à mon arrivée à Andernach, j'aurais tout aussi bien fait de prendre deux mulets: un pour moi et l'autre pour mon bicycle.

La route, en résumé, n'était que le lit d'un torrent desséché où l'eau était remplacée par un sable fin de dix à trente centimètres de profondeur; ce fut une rude épreuve. Plus d'une fois je pris à travers bois, ce qui me facilita énormément la tâche. Essoufflé, à moitié mort de fatigue, j'arrivai en vue du lac, sorte d'immense cratère d'environ deux kilomètres de diamètre, et entouré de bois.

Le paysage était sans doute charmant, mais j'admets volontiers que le jeu ne valait pas la chandelle; ajoutons qu'il est défendu, sous peine d'amende, de se promener au bord de cette gentille nappe d'eau claire, et que de la route, si toutefois l'on peut désigner par ce nom le mauvais chemin de l'endroit, l'on n'a que très-rarement une échappée sur le lac même.

Je ne m'arrêtai pas longtemps à l'abbaye bénédictine de Laach, et continuai ma route sur Nieder Mendig, fameux par ses carrières de basalte et leurs vastes souterrains. La température qui règne dans ces derniers ne s'élève jamais au-dessus de zéro, même en été, aussi en a-t-on fait des caves à bière des plus célèbres en Allemagne.

Escorté par une troupe de jeunes indigènes, j'arrivai à la principale brasserie de l'endroit. Tout en attendant le chef des caves, j'inscrivai mon nom dans le régistre que je m'amusai à feuilleter; la collection d'autographes était réellement curieuse, mais, mon guide étant arrivé, je le suivis. Nous descendîmes par un long et étroit escalier; plus nous descendions et plus la température s'abaissait, si bien qu'au fond je n'y tenais plus; je gelais. Les parois de ces sombres caveaux étaient recouvertes d'une couche de glace, le sol glissant, et du plafond vous tombaient dans le cou des gouttes d'une eau congelée qui vous faisaient courir un frisson dans tout le corps. Ce fut bien pis quand mon cicerone m'offrit un verre de bière! Il me sembla avaler de la glace; mes dents commencèrent à claquer. Grelottant, gelé, je pris congé de mon guide et du triste royaume de Gambrinus, et, grimpant l'escalier quatre à quatre, au grand risque de donner de la tête contre le roc, je reparus au grand air.

En hâte je remontai en selle, et, grâce à un soleil ardent et aux difficultés d'un abominable chemin, je ne tardai pas à oublier les frimas des caves de Mendig.

Quelle galère! quel four! Cavalier et monture furent bien renversés au moins vingt fois dans ces fondrières de sables mouvants, recélant de nombreux rochers, contre lesquels je ne cessais de chavirer. En fin de compte et à bout de patience, je pris à travers champs et m'en trouvai bien : si quelquefois il m'arrivait de m'enfoncer, je ne courrais pas le danger constant de détraquer ma roue ou de fausser ma pédale.

Je n'ai jamais rencontré de tels chemins, si ce n'est au Schleswig-Holstein, dans les environs de Ploen et d'Eutin, et encore ! . . . J'arrivai à Andernach, rompu, mais heureux d'avoir réchappé à un naufrage qui semblait certain.

Je mis le cap sur le nord, et, soit en musant, soit en luttant de vitesse avec les bateaux à vapeur qui descendaient le Rhin, j'arrivai à mon hôtel où je "jurai mais un peu tard, qu'on ne m'y prendrait plus !"

La vallée de l'Ahr.

Le jour suivant, je remontai en selle pour me refaire de mes fatigues et dégourdir mes jambes. Je me dirigeai vers la rivière Ahr et j'en remontai la vallée sans me presser, songeant et n'ayant nullement l'intention d'aller bien loin. Mais, je l'avoue, j'avais compté sans mon hôte, et plus je m'avançais dans le joli vallon, plus je l'admirai ; une fois lancé, il n'y avait plus moyen de reculer.

Les fameuses sources Apollinaris se trouvent au bord même de la route : l'activité y est extrême, et, pour remplir plus de 50,000 bouteilles par jour, il n'y a absolument pas de temps à perdre. La force du gaz est telle qu'elle fait quelquefois sauter le verre, aussi les ouvriers les plus exposés portent-ils une espèce de masque qui les protége des éclats.

Tout près se trouve Neuenahr, gentil endroit, propre et bien bâti, où je me serais volontiers établi pendant une semaine. Plus loin Ahrweiler, encore entouré de ses vieux remparts, derniers vestiges d'un temps de bouleversements politiques, où les évêques de Cologne frappaient plus d'estoc et de taille, qu'ils ne publiaient les principes d'une religion de charité et de paix.

Tous les coins et recoins de la montagne étaient couverts des ceps qui produisent (du moins en partie) le fameux vin de cette vallée. J'y ai dégusté de l'Ahrbleichert qui ne me parut guère plus doux que du jus de prunelle; heureusement qu'il y croît dans plusieurs clos bien connus un vin bien supérieur à celui que je viens de mentionner et dont le bouquet plairait à de plus difficiles que moi.

A Walporzheim la vallée se rétrécit et semble ajouter à ses charmes; de temps en temps, elle se transforme en véritable gorge, d'un sauvage tempéré par ses silhouettes arrondies, par le chant monotone et recueilli de la rivière, et par la belle et bonne route sur laquelle ma machine semble prendre plaisir à rouler.

A Altenahr, le regard ne peut se reposer nulle part sans y trouver quelque chose à admirer, sans remplir votre âme de cette admiration qui se sent plus qu'elle ne peut se dire.

Je commandai mon dîner, et, pour ne pas perdre mon temps, je fis une pointe jusqu'à Kreuzberg et son vieux château. Ce n'est qu'à contre cœur que je m'arrêtai dans mon voyage de découverte et que je repris ma course vers Altenahr et le pittoresque nid d'aigle de ses anciens seigneurs.

Il paraît que la rivière Ahr nourrit des truites, mais, à en juger par les prix cotés sur la carte de mon hôtel, elles doivent y être fabuleusement rares! Pour le coup, je m'en passai.

Le retour s'effectua sans incident remarquable et avec le seul regret de quitter ces lieux si charmants—

> The country far diffused around
> One boundless blush, one white empurpled shower
> Of mingled blossoms, where the raptured eye
> Hurries from joy to joy.

Remagen.

Cette vieille petite ville est bâtie au bord du Rhin et au pied des collines de Marie et d'Apollinaris. De la première l'on jouit d'une vue aussi belle qu'étendue, tandis que la seconde est couronnée d'une église du même nom, en grande odeur de sainteté. Le long de la route qui y mène, on a érigé plusieurs monuments—chapelles représentant les derniers épisodes du jugement et de la crucifixion du Christ. Tout près se trouvent plusieurs autres chapelles bâties en mosaïques et à style mauresque, vrais chefs-d'œuvre de patience, tandis qu'à gauche, un peu plus haut, s'élève la statue d'un moine.

Du quai de Remagen on expédie des quantités énormes d'eau Apollinaris. On estime à plus de

700,000 le nombre des bouteilles envoyées mensuellement en Amérique.

Quittant cet endroit, le plus affairé de la ville, j'allai m'asseoir sur un banc au bord du fleuve ; je ne tardai pas à m'y plonger dans la lecture de quelque jolie poésie de Heine, lorsque je vis deux grands garçons se rouler dans l'herbe à quelques pas de moi. Tout d'abord je crus qu'ils s'amusaient, mais je fus bien étonné de leur voir le visage et les mains en sang ; au lieu d'une lutte honnête, ces deux gredins s'étaient égratignés l'un l'autre à qui mieux mieux. A toute remontrance, le prétendu vainqueur se redressait fièrement, protestant de sa valeur et proclamant avec emphase qu'il était né sur les bords du Rhin. Pauvre fou ! réellement j'en étais fâché pour le vieux Rhenus ; un plongeon inattendu dans les eaux du fleuve insulté aurait fait à notre jeune champion un bien immense.

De Remagen a Aix-la-Chapelle.

Je partis en compagnie de quatre cyclistes du V. C. de Cologne. A peine en route, et en vue de Rolandseck, nous fûmes surpris par une averse si forte qu'en moins de rien nous fûmes trempés jusqu'aux os. Le vin était tiré, il fallait le boire ; aussi après une bonne tasse de café noir, renforcé d'un verre de rhum, continuâmes-nous notre marche sur Mehlen, où nous arrivâmes sans autre accident et où nous prîmes le bac pour Königswinter, situé au pied même du Drachenfels :—

"The castled crag of Drachenfels
Frowns o'er the wide and winding Rhine,
Whose breast of waters broadly swells
Between the banks which bear the vine."

Du vieux château en ruine qui en couronne le sommet, la vue s'étend au loin en amont de la vallée d'un côté et jusqu'à la cathédrale de Cologne de l'autre. Nous y assistâmes à un magnifique coucher de soleil, dont les dernières lueurs illuminaient encore les sommets des sept montagnes, tandis qu'à nos pieds tout semblait déjà plongé dans une pénombre, rendue plus profonde par la brume du soir.

Après une courte visite à Godesberg, une agréable promenade le long des quais de Bonn, deux vieilles connaissances, nous marchâmes vers Cologne, qui ne tarda pas à s'annoncer avec sa redoutable ceinture de forts.

La zone militaire n'avait sûrement rien d'attrayant. Je suivis les boulevards extérieurs et y remisai ma monture en lieu sûr.

Il est défendu (sous peine d'amende) de monter un bicycle dans la vieille ville. J'avoue que la défense est superflue, car se serait le meilleur moyen de s'y suicider : les rues sont étroites, tortueuses, mal pavées, bref de vrais casse-cou.

Je n'avais nullement l'intention de m'arrêter à Cologne, la connaissant, du reste, d'ancienne date ; mais comment m'éloigner sans revoir, au moins un instant, cette merveille d'architecture, la cathédrale. C'eût été impossible. Chaque fois que je visite ce magnifique édifice, c'est avec un surcroît d'admiration, de respect recueilli et profond. Quelle noble conception, quelle admirable perspective de colonnes élancées, d'ogives aux lignes fuyantes et comme indiquant le ciel aux penseés des adorateurs et même des curieux qui y viennent admirer le Créateur dans l'œuvre même de sa créature. Je ne connais rien de plus vraiment religieux que l'architecture d'une grande et belle cathédrale !

Rien de plus curieux que l'histoire de celle de Cologne. Nos ancêtres, qui rattachaient tout ce qu'il y a de beau au surnaturel et le surnaturel par trop souvent au malin, sont allés jusqu'à en attribuer le plan à l'inspiration de Satan. Pauvre Satan ! il a eu joliment à souffrir des ruses religieuses de nos pères ; que de fois n'a-t-il pas été trompé, volé, comme l'attestent, du reste, les histoires du Dôme de Cologne, d'Aix-la-Chapelle, du Pont-du-Diable en Suisse et de tant d'autres entreprises célèbres ? Tantôt, en échange de ses services, on lui donna, là un chien, ailleurs un loup, ici même rien ; aussi jura-t-il de se venger de la mauvaise foi de l'architecte en empêchant l'achèvement de son œuvre.

Commencé en 1248, ce bel édifice ne fit que végéter. Ce ne fut qu'en 1880 que l'on posa la dernière pierre de la tour du sud, tour haute de 512 pieds. Ce qui ajoute encore à l'intérêt qu'il inspire, c'est qu'il constitue une œuvre éminemment religieuse, c'est-à-dire ni catholique, ni protestante, mais nationale.

Ce n'est qu'avec difficulté que je quittai ce chef-d'œuvre, cette reine des églises.

Je tournai bientôt le dos à la ville épiscopale pour continuer ma route. La contrée n'offrait rien de bien intéressant à voir ; je passai Juliers à la tombée de la nuit, mais sans toutefois m'y arrêter. Je n'eus pas le temps d'aller bien loin à cause de l'obscurité qui devenait assez profonde, et force me fut de descendre à une auberge dans un petit village. Ce fut en vain que je commandai mon souper; on me répondit d'attendre la table d'hôte! Ce mot réveilla en moi un appétit formidable, une fringale terrible!

Quand le grand moment arriva, nous étions trois à table! deux dames et votre humble serviteur. Je n'ai nullement l'intention de vous décrire mes deux voisines; du reste, le souper ne faisait guère honneur à son nom pompeux, et grâce à ma mauvaise humeur je pourrais peut-être commettre quelque indiscrétion, voire même quelque crime de lèse-étiquette.

Pour ne pas les effrayer, je leur dis que j'avais parcouru le jour même plus de cent dix kilomètres en bicycle, que je me mourrais de faim, et que je les priais de bien vouloir excuser mon apparente gloutonnerie. Ce petit exorde fut charitablement reçu, et l'on me pardonna ma voracité sans toutefois m'épargner les questions. J'y répondis tant bien que mal, tout en faisant honneur au piètre repas que l'on nous avait offert. Comme la faim et la bonne humeur vont et viennent en raison inverse, ma gaîté reprit peu à peu son empire et nous passâmes une assez agréable soirée.

Le lendemain me réservait une rude épreuve; presque toute la distance qui me séparait d'Aix-la-Chapelle était pavée, et quels pavés! chaque mètre carré de cette invention infernale représentait une carte en relief exagéré du massif du Mont-Blanc. Il y avait bien d'un côté de la route une espèce de trottoir, mais c'était le rendez-vous de toutes les ornières du chemin, et l'usage de cette espèce de piste délicieuse m'était interdite par la prévoyance des cantonniers qui l'avaient encombrée d'innombrables tas de pierres, de gravier et de sable. Après cela, vous comprendrez avec quel sentiment de soulagement je saluai la vieille cité des empereurs allemands, capitale du Nord de l'empire de Charlemagne.

Les nombreux visiteurs se promenaient nonchalamment dans ses rues et lui donnaient un faux air de fête. Je m'acheminai vers la cathédrale, où l'on prétend vous montrer de curieuses reliques, telles que les langes du Christ, la robe de la Vierge, le sanglant linceul de Jean-Baptiste, etc., et aussi des souvenirs intéressants et historiques de Charlemagne. C'est là, dans le tombeau du vieux carlovingien, que Victor Hugo place la scène décrite au quatrième acte de son "Hernani," ce Cid de la tragédie dramatique française.

Je visitai bien quelques autres monuments fameux, mais le désert de rocs que j'avais traversé le matin même, me faisait aspirer aux douceurs du repos sous les ombrages du jardin de la source Élise.

Il s'y donnait un concert. Les nombreux désœuvrés qui se promenaient dans cette enceinte des plus restreintes appartenaient aux nationalités les plus variées.

Faisant place à quelques dames allemandes qui avaient sans doute jeté leur dévolu sur ma chaise, je m'éloignai d'un ou deux sièges. Deux jeunes gens dont la tournure, la démarche et la coupe des habits proclamaient l'extraction britannique, vinrent saluer mes charmantes voisines. Une conversation bien fournie s'engagea, mais tout en anglais ! Pourquoi les Anglais ne parleront-ils donc jamais les langues étrangères, à moins d'y être forcés ? Quel plaisir peuvent-ils avoir à entendre les gens écorcher leur idiome ? Leur adressez-vous la parole en français, la réponse invariable consiste en un "Oui, oui," ou "Non, non," et le reste dégénère en un jargon impossible qui du reste ne fait pas long feu. C'est la même chose si vous leur parlez allemand.

Mais revenons à nos moutons.

Mes voisins avaient donc commencé l'une de ces conversations particulières aux villes d'eaux et qui se ressemblent toutes. On parla d'abord de la santé des présents, de l'hôtel où l'on loge ; puis l'on en vint aux nouveaux-venus et aux absents. De là au cancan il n'y avait qu'un pas. Madame N—— venait d'arriver avec toute sa famille et était descendue à l'hôtel du Grand Monarque. Quant à Monsieur le banquier R——, il s'était brouillé avec son gendre le baron de S——, qui s'était vu obligé de rentrer dans ses terres et d'y vivre plus modestement, et ainsi de suite.

Que cette vie fade, insipide, doit être assommante ! Car c'est toujours la même chose et chaque jour amène le même refrain.

Je tâchai de suivre le concert, mais en vain, et c'est avec plaisir que je vis apparaître un de mes amis qui devait venir me rejoindre.

Pendant notre dîner, nous arrangeâmes une jolie excursion à deux à travers la partie voisine du "Eiffel," appelée aussi Haute Venne.

Montjoie et Spa.

Pour m'alléger un peu, je me défis de mon bagage que j'envoyai par la poste â l'hôtel Mohren, Liége, et nous partîmes.

Il pouvait être trois heures et demie quand nous quittâmes Aix. La contrée était riante et belle; la route, très bonne du reste, formait une série d'immenses montagnes russes qu'il faisait bon descendre, mais dont l'ascension était des plus fatigantes. Tantôt nous descendions dans un charmant vallon, oh! si gentil, si hospitalier, que ce n'est qu'avec peine que nous pouvions nous en séparer; tantôt nous grimpions, au milieu de sombres forêts de sapins, une côte ardue et pénible de plusieurs milles de long.

J'avais énormément à faire pour tenir tête à mon compagnon, bicycliste hors ligne, bien reposé et monté plus légèrement que moi. Nous nous arrêtâmes à une petite auberge, perdue dans les bois, pour nous y refaire un peu avec un grand verre de l'excellent lait du pays. Je ne manquai pas d'y faire un petit bout de toilette qui consiste à me laver la figure et à humecter mes chéveux; c'est là un moyen que je pratique mais que je ne recommande à personne, et pour cause. Quant à mon chapeau de paille, j'en mouillai aussi le fond et je le laissai égoutter sur un banc. Un jeune chien folâtre s'en empara à mon insu, l'emporta et se mit en devoir d'en essayer la paille avec ses dents; après avoir cherché partout, j'arrivai juste à temps pour sauver ma coiffure d'une destruction complète.

Nous fîmes une descente magnifique dans Montjoie, où nous arrivâmes vers les six heures et demie.

C'est l'ancien camp romain "Mons Jovis." Nous fûmes très bien reçus par quelques connaissances de mon compagnon, et les demoiselles de la maison, aussi aimables qu'elles étaient charmantes, nous annoncèrent que Montjoie était en fête, qu'on danserait au château, et qu'elles seraient heureuses de nous y voir.

Nous tînmes conseil pendant le léger repas que nous fîmes à l'hôtel de la Tour, et, malgré le plaisir presque irrésistible d'être les cavaliers de ces dames, nous prîmes la stoïque résolution de remonter en selle et de courir sur Spa, d'où mon ami devait repartir le lendemain, pour rentrer à Aix, *viâ* Verviers, par le train de sept heures et quelques minutes.

Nous partîmes un peu avec regret, à la nuit tombante. La route remontait pour regagner la hauteur, formant une côte de plusieurs centaines de pieds d'altitude.

Nous roulions dans la pénombre, paisiblement et sans bruit, éclairés par les étoiles qui scintillaient de toutes parts dans un firmament sans nuage. A Kalterherberg, il nous fallut pousser nos montures sur toute la longueur de ce village dont le pavé paraissait interminable. M. E—— alluma sa lampe, tandis que je me confiai à la clarté de la lune qui commençait à luire de son plus vif éclat. Quant à ma lampe, ma course au lac Laach l'avait mise hors de combat.

La route était bonne, la nuit superbe, et le ciel émaillé d'astres innombrables ; de temps à autre, quelque brillant météore se détachait du reste, précipitait sa course pour disparaître aussi soudainement qu'il avait paru. Le magnifique clair de lune prêtait aux objets des ombres fantastiques, aux collines et aux forêts des contours gracieux qui se fondaient les uns dans les autres. Le murmure des ruisseaux et des rivières, semblables à de longs rubans d'argent, le vol des oiseaux nocturnes, le gémissement de la brise dans les arbres, troublaient seuls le calme de la nature.

De temps en temps il nous fallait nous arrêter pour vérifier notre route, grimper sur un poteau indicateur pour pouvoir en déchiffrer les noms; cela devenait une nécessité dans les vallées déjà enveloppées d'un manteau de brouillard froid et humide. Nous arrivâmes enfin à Malmédy, situé à une altitude de 1100 pieds.

Cette petite ville, aussi pittoresque que renommée pour ses eaux minérales, était déjà plongée dans les douceurs du sommeil, quand nous heurtâmes à la porte du Cheval Blanc.

"Pouvez-vous nous servir quelque chose en guise de souper?" telle fut notre première question. Un domestique nous répondit affirmativement, en se frottant les yeux. Aidé par une servante tout ensommeillée, il nous prépara un repas auquel nous fîmes le plus grand honneur, en dépit même de l'oignon dont l'un des plats avait le malheur d'être infecté. Quelques messieurs qui s'étaient attardés à leur bouteille ne nous tinrent compagnie qu'un temps assez court; quant à nous, après avoir fait sauter un ou deux bouchons, nous résolûmes de passer ce qui restait de la nuit dans l'hôtel même, et nous nous retirâmes avec prière qu'on nous réveillât à quatre heures du matin. Je m'attendais à voir notre garçon faire une mine effroyable, mais pas du tout: il sourit. "Ma foi, messieurs, si vous avez fait un pari, ce n'est pas moi qui vous le ferai manquer. Vous pouvez compter sur moi!"

Tout alla à souhait, et vers les cinq heures nous avions déjà quitté Malmédy. Nous n'étions pas les seuls debout, car nous rencontrâmes quelques bonnes âmes qui se rendaient à l'église pour les matines.

Il nous fallut passer à travers un épais brouillard d'un froid intense; nous grelottions, mettant, à tour de rôle, nos mains dans nos poches pour tâcher de les réchauffer. Nous montions beaucoup, et lorsque nous fûmes arrivés au haut de la côte, nous eûmes le plaisir d'assister à un beau lever du soleil, dont les rayons, encore tièdes, inondèrent bientôt la contrée de lumière; ils rendirent encore plus belle la vaste nappe blanche et ondulante des nuages qui s'étendaient à nos pieds.

Nous avions gravi près de 600 pieds depuis notre départ de Malmédy, et nous ne tardâmes pas à en redescendre autant jusque dans Spa; et quelle descente! Mon compagnon, qui allait de l'avant à bride abattue, fit tellement peur à un cheval qui remontait la route que ce dernier se cabra et faillit renverser la carriole qu'il tirait. Quant à moi, ce fut pis, car la tige de mon frein ayant glissé dans sa gaîne, j'avais perdu tout contrôle sur ma monture. Peu s'en fallut que je n'allasse me buter contre une vache qui me barrait le chemin; grâce à la rapidité de ma course, j'évitai la ruade de la bonne bête, et, profitant d'un endroit favorable, je fis une diversion dans un champ où je ne tardai pas à m'étendre, un peu malgré moi. Je rajustai mon frein et nous fîmes beintôt notre entrée dans Spa, comme deux tourbillons de poussière emportée par le vent. Tout est bien qui finit bien, et nous avions encore trois quarts d'heure de reste avant le départ du train.

Ce qu'il y avait de plus pressant, c'était de déjeuner. C'est dans ces moments-là qu'on apprend à connaître toute la perversité du sort. Après avoir perdu la moitié du temps à trouver un restaurant ouvert, nous tombâmes sur les personnes les plus lentes du monde, et, quand enfin le café et les œufs firent leur apparition sur un plateau porté par une servante aux allures somnambuliques, il nous fallut faire des prodiges de dextérité pour pouvoir en avaler une quantité infinitésimale. En un clin d'œil nous enfourchâmes nos montures qui nous déposèrent bientôt à l'entrée de la gare.

Une dernière poignée de mains, un dernier souhait lancé au vent, et j'avais perdu un compagnon des plus aimables et des plus obligeants. Il avait promis d'être de retour à Aix-la-Chapelle avant neuf heures, et il tint parole.

Ma dernière étape.

Abandonné à moi-même, je me promenai à travers la ville qui s'éveillait ; j'en visitai les élégants bâtiments de bain, les fontaines d'eau minérale, les jardins et les magasins de curiosités, où je me serais sûrement ruiné, si malheureusement mon long voyage n'avait pas déjà pris ce soin.

Tout en me promenant, je passai devant un grand écriteau proclamant l'existence d'un bassin de natation ; la tentation était irrésistible, et peu après je sondais les profondeurs de ces eaux froides, où je ne trouvai ni naïade, ni sirène, mais bien une délicieuse sensation de fraîcheur qui sembla me rajeunir et me faire oublier les fatigues des dernières étapes de mes pérégrinations.

Quel charmant séjour j'aurais pu faire dans cette perle des villes d'eaux ! mais la voix impérieuse du devoir me rappelait ; et, sans doute, le paquebot qui devait me ramener dans la blonde Albion balançait déjà ses mâts sur les flots de l'Escaut.

Je pris congé de Spa, et bientôt après de la jolie vallée de la Hoigne, pour redescendre celle de la Vesdre. Une troupe d'enfants me poursuivirent en me criant toute sorte de bonnes choses pour obtenir quelques sous. Mais malgré leur cupidité enfantine, ils n'arrivèrent jamais à la hauteur d'une petite fillette de la vallée de la Pique dans les Pyrénées. Je me rendais à cheval de Bagnères de Luchon à Marignac. Chemin faisant, je rattrapai une douzaine de gamins et de gamines, qui se mirent à trottiner derrière moi en criant " Vive la France ! Vive la République ! Vive l'Angleterre ! Vive la Reine ! " Voyant que tous leurs appels à mon patriotisme restaient sans effet, mes jeunes amis commençaient à se lasser, lorsqu'une petite fille, rayonnante de joie à l'idée d'avoir enfin trouvé la corde sensible, se mit à chanter de toute la force de son petit gosier : " Vive vous ! " C'était irrésistible ! Que n'aurait pas donné M. Jourdain pour un mot pareil ?

Je saluai sur mon passage les ruines de plusieurs vieux châteaux et arrivai enfin à Liége, où je revis ma vieille connaissance de Sédan, la Meuse.

Je venais de rentrer dans la zône des routes pavées.

Après une bonne nuit passée au confortable hôtel Mohren, je repartis de bonne heure par le train de grande vitesse pour Anvers. Mon pauvre compagnon de route, abandonné malgré moi aux soins des employés du chemin de fer, m'y rejoignit le soir seulement, assez maltraité du reste. Il semble étrange que, dans les pays où l'on paye assez cher le transport des vélocipèdes accompagnés de leurs propriétaires, ils soient plus maltraités qu'ailleurs. C'est là du moins mon expérience personnelle.

Anvers.

A part le paquebot pour Harwich, un autre mobile m'attirait à Anvers : je veux parler de la terrible catastrophe qui venait d'y avoir lieu le 6 septembre.

Je dirigeai mes pas vers Steenborgerweert, le théâtre du sinistre, et les vitres cassées m'annoncèrent que j'en approchais.

Il n'y avait plus grand'chose à voir : la poudre avait tout rasé, et le pétrole promenant partout sa vague enflammée avait réduit les décombres en cendres. Quelle désolation !

Le dépôt Corvilain avait disparu, tandis que son emplacement était encore trempé de d'huile minérale, couvert de débris carbonisés et de milliers de cartouches qui avaient sauté. La voie ferrée qui séparait les deux magasins montrait des rails contournés, semblables à de longs serpents morts dans d'affreuses convulsions. Un vagon, dont la charpente de fer avait seule survécu, s'était tordu sous l'action d'un feu intense. A droite, des grands réservoirs de pétrole, il ne restait que des décombres; un grand cylindre de tôle élevait bien sa tête au-dessus des ruines fumantes encore, mais lui aussi menaçait de s'effondrer, et était déjà à moitié éventré.

Cette partie du quai qui offrait naguère l'aspect du travail et de l'industrie avait vu ses ouvriers tués ou blessés, et ses hangars s'étaient abîmés sous le coup des explosions et de la mitraille qui pendant quelque temps avait plu de ce côté-là.

Tournant à gauche, foulant toujours d'innombrables cartouches, j'arrivai dans le petit village foudroyé par cette explosion terrible. Figurez-vous des maisons, aux portes et aux fenêtres enfoncées, aux murailles en partie démolies et criblées de trous, couvertes d'éclaboussures de toute sorte, aux intérieurs sens dessus dessous, aux habitants mutilés, aveuglés et réduits au désespoir, et vous vous ferez peut-être une idée de l'aspect de ce malheureux endroit.

La charité des nombreux visiteurs semblait vouloir dédommager les malheureux de leurs pertes matérielles, pour le moment du moins. Ici c'est une femme blessée qui reçoit des offrandes, là un vieillard, plus loin un enfant, victime lui aussi de cette catastrophe.

Dans chaque maison en ruine, on a institué une

espèce de buvette où les visiteurs altérés peuvent se rafraîchir et donner à leur aumône une apparence plus acceptable. Personne, du reste, ne contrôlait la recette.

Mais qu'est-ce que cela en comparaison des pertes de vies humaines, de ces malheureux qui périrent d'une mort atroce au milieu de la conflagration générale, de ces braves auxiliaires qui, volant au secours, tombèrent percés de balles, tirées mystérieusement de tous côtés? Représentez-vous une machine infernale, chargée de vingt-cinq millions de cartouches, ouvrant tout à coup un feu nourri et meurtrier sur les environs, un volcan de pétrole vomissant ses redoutables vagues enflammées et destructrices! Qui pourra jamais décrire l'agonie des pauvres blessés, incapables de fuir ces vagues de feu s'avançant vers eux, aussi irrésistibles qu'impitoyables? Quels cris de douleur, quels râles affreux ont dû retentir dans cette soirée fatale du 6 septembre!

Le démon de la guerre, en vrai mauvais génie d'Anvers, a dû jouir de son œuvre de destruction; accourant d'Espagne, tout comme autrefois, il a retracé aux Anversois d'aujourd'hui quelques-unes de ses atrocités du 4 novembre, 1576, lorsqu'aux cris de "Santiago! España! á sangre, á carne, á fuego, á sacco!" déborda dans les rues cette troupe infâme et horrible, courant se vautrer dans la luxure et le sang de ses victimes. Le spectacle actuel et limité ne peut nous donner qu'une faible idée de celui que présenta Anvers le matin du 5 novembre, 1576: ses maisons en cendres, plus de huit mille de ses défenseurs égorgés, noyés ou brûlés vifs, ses femmes, ses enfants, sa propre existence à la merci d'une soldatesque vile, exaltée par un fanatisme dont la rapine, le viol et le meurtre formaient les principaux articles de foi !

L'origine du désastre actuel est plus ou moins enveloppée de mystère ; cinquante millions de cartouches avaient été envoyées par le gouvernement espagnol pour être vidées, vu qu'elles ne remplissaient plus les conditions voulues. Cette poudrière d'un nouveau genre s'établit à côté de vastes magasins de pétrole russe. Tout alla bien jusqu'au jour fatal où, à la mitraille et au bombardement venant de la fabrique, le magasin d'huile répondit par de formidables explosions et des torrents d'une lave de feu. On évalue à 135 le nombre des malheureuses victimes de cette grande catastrophe.

Dans la ville, beaucoup de maisons avaient souffert : les dégâts, heureusement, ne consistaient guère qu'en devantures de magasins enfoncées et en vitres cassées. Quant à la cathédrale, elle s'était associée au deuil général, et l'on y récitait les prières pour les morts. Sa noble flèche avait échappé saine et sauve.

Anvers, que Napoléon voulait transformer en un port rival de Londres, a un commerce florissant ; ses fortifications en font l'une des premières places fortes de l'Europe. On dit qu'avec une garnison de 40,000 hommes, elle en réduirait 300,000 à l'inaction. Les premiers travaux de quelque importance furent élevés sous le régime sanglant du cruel duc d'Albe par Pacheco en 1567, et cela plutôt pour mieux assujettir ses habitants que pour les défendre. L'ingénieur, tombé entre les mains des patriotes, expia, sur une potence de Flessingue, le crime d'avoir aidé à l'asservissement d'un peuple libre, 1572.

Cinq ans plus tard, un an après la fameuse "Fureur espagnole," les citoyens de la Reine de l'Escaut, sans doute encouragés par le voisinage des Gueux, s'étaient rendus maîtres de la citadelle et tous, du premier magistrat au plus vil mendiant, de la dame à la soubrette, travaillèrent à l'envi pour démolir ce terrible engin de la tyrannie de leurs oppresseurs et des atrocités de la très sainte Inquisition, qui, pour la gloire de Dieu, avait voué à la mort les trois millions d'habitants des Pays-Bas.

La statue du duc d'Albe ayant été retrouvée, on la traîna dans la fange, on la brisa en morceaux et on en fondit un canon. Son écusson, sculpté sur l'une des portes de la forteresse, représente, avec les armes de la maison d'Albe, un "Agnus Dei," triste ironie blasphématoire.

Mais trêve à cette histoire de sang et d'orgies.

Je fis une courte visite au musée de la patrie des Téniers et des Van Dyck, mais le temps qui pressait m'obligea à retourner au bateau, et peu après nous levâmes l'ancre pour redescendre l'Escaut. Peu à peu la vieille cité disparut à notre vue, et les bords du fleuve se drapèrent des premières brumes du soir. A Flessingue nous prîmes congé de notre pilote riverain pour gagner la pleine mer.

Conclusion.

Je ne sais si j'ai réussi à intéresser mes jeunes lecteurs ; si non, ce n'est sûrement pas la faute du voyage, mais bien celle du voyageur, dont la main préfère le guidon à la plume. Rentré chez moi, dans l'un des grands centres manufacturiers et enfumés de l'Angleterre, je me sentais comme retrempé par cette vie nomade au grand air.

Mon but, c'était de m'instruire, de me défaire de tout préjugé, la plus sotte des inventions de l'imagination, et aussi de jouir des beautés de la nature et de son action vivifiante et toujours édifiante.

Ardent enthousiaste de la vélocipédie, j'ai choisi ce mode de voyager depuis des années, et je m'en suis toujours bien trouvé. J'ai parcouru les plaines du Nord de l'Allemagne comme les cols des montagnes suisses, et j'ai pris pour ma fidèle monture l'affection du bédouin pour son coursier ; j'en ai aussi toute la liberté d'allures.

Je vous souhaite, cher lecteur, beaucoup de voyages aussi instructifs et aussi heureux que le mien, mais je vous préviens que : "Sans un peu de travail on n'a point de plaisir."

NOTES.

Page 5.

3. *de la douane.* Smuggling, *faire la fraude* (cf. p. 5, l. 5), or *faire la contrebande,* is most frequent in France over the inland frontier (see p. 36, l. 23), which is, of course, harder to watch than the sea coast. Places at which a custom house (*douane*) is stationed, whether inland or on the coast, are *postes de douane.*

6. *la Grande-République.* War was declared by France against Prussia, July 17, 1870. The constitution of France was then Imperial, under the Emperor Napoléon III. Prussia was, as it still is, a Monarchy. King William I. of Prussia had succeeded in forming a confederation of North German States in 1867. When war was declared, the Southern German States made common cause with the Northern. Napoléon was taken prisoner at Sédan, September 2, 1870, and the Government of France became a Republic, September 4, 1870. Two months before their entry into Paris, the various German sovereigns accepted the King of Prussia as head of a German Confederation, with the title of German Emperor. William I. of Prussia was proclaimed German Emperor at Versailles, January 18, 1871.

7. *sans bourse délier.* For the unusual order, cf. two other phrases with *sans: sans mot dire, sans coup férir.* The word *délier* carries one back to the days when purses had strings to be untied.

11. *je mis donc le cap.* This is a nautical metaphor. *Cap* is from Lat. *caput,* 'the head.' Cf. the old phrase *armé de pied en cap.* Hence, a ship's 'head' (the bow), or a headland (cape).

Page 6.

11. *la passion des voyages.* Translate 'a passion for travelling.' Note the use of the definite articles in the French phrase, denoting 'that (definite) passionate love inspired by travels (in general).'

12. *au grand air.* Cf. *au grand soleil, au grand galop*, etc. *Grand* in these phrases has the sense of 'midst of,' 'full of:' *e.g.* 'in the open air,' 'in the full sun.'

18. *dès le premier.* Translate 'from the very first . . .' The preposition *dès*, used both of time and of place, denotes a beginning made from the first possible point. Cf. *dès la semaine prochaine*, 'beginning with the very next week.' Cf. also conjunction *dès que*, which = *aussitôt que.*

19. *faillit me jouer.* *Faillir*, 'to fail,' when followed by an infinitive, idiomatically means 'to stop just short of.' Render here by 'very nearly.'

20. *l'argent français.* French accounts are kept in two denominations only—*francs* and *centimes:* 100 *centimes* make one *franc.* The monetary system is therefore decimal. The *franc* is a silver coin worth from 9*d.* to 10*d.* English, according to the rate of exchange: 100 *francs* are worth, therefore, £4. French gold coins are for 100, 40, 20, 10, 5 *francs;* silver are for 5, 2, 1, ½, ⅕ *franc;* copper are for 10, 5, 2, 1 *centime.* The old name *sou* is generally used for the *pièce de* 5 *centimes*, and this is the smallest coin in common use.

25. *j'aurais payé bien cher une tasse.* No preposition is put before the price in French after *acheter, payer, vendre.* With the adverbial use of the adjective *cher*, now always used instead of *chèrement* in speaking of a price, cf. *ces fleurs sentent bon*, and the English to 'smell good,' 'cost dear.'

26. *café au lait.* Cf. *soupe aux choux, soupe à l'oignon*, etc. The preposition *à* with the article in such phrases denotes the principal ingredient. Strong coffee, generally drunk in the afternoon from a *demi-tasse*, or small cup, and 'laced' with a *petit verre* of cognac (see p. 7, l. 15), is *café noir.* The French early breakfast usually consists of a cup of *café au lait* and a roll.

29. *je déjeunai par cœur.* Substitute an English phrase of

similar meaning: *e.g.* 'I had to fill my stomach with the recollection of yesterday's breakfast.'

Page 7.

3. *peu appétissant.* Many French adjectives do not admit composition with a negative prefix. In their case the place of the negative prefix is supplied by *peu*. Thus *peu commun* = uncommon.

7. *en guise de.* Translate 'by way of.' French *guise* and English 'wise' (*e.g.* 'in this wise') come from the German *Weise*, 'way,' 'manner.'

8. *servez-vous.* Translate 'help yourself.'

—. *c'est de bon cœur.* Cf. *rire de bon cœur*, p. 7, l. 26. The literal sense of the text is 'it is heartily or willingly (that I offer it you).' The English phrase is 'you are heartily welcome.'

18. *sens dessus dessous.* Translate by 'upside down.' Cf. *sens devant derrière*, 'hind part before.'

24. *il y vient bien.* Render *bien*, which is often used ironically, by 'I should think.'

25. *tant bien que mal.* This phrase, lit. 'as well as ill,' implies that a thing is not very well done. Render by 'after a fashion,' or 'as well as I could.'

29. *grand'route.* There is really no elision of *e* in *grand'mère*, *grand'chose*, etc. *Grand*, from Lat. *grandis*, which has only one form for both masculine and feminine, had formerly no feminine form. The apostrophe is therefore etymologically misleading.

Page 8.

1. *de mon côté.* Translate 'in my direction.' The same words in a different connection might also mean 'on my side,' *i.e.* 'for my part.' Cf. *de toutes parts* (p. 15, l. 6), 'on all sides.' The literal meaning of *de* in its various uses with *côté* is 'from.' French regards the sensation of sight as coming from the object seen. The object, from which the sensation of sight comes, may be the point to which one is going. Hence, with a verb of 'motion to,' *du côté de* means 'in the direction of.'

3. *alla s'abattre.* This use of *alla* is correct in French to

express the fact that the shy and the fall were not simultaneous; the English 'went and fell' is vulgar.

14. V.C.R. = *Véloce-Club Rouennais.*

16. *à mon intention.* Lit. 'for my purpose.' Translate 'on purpose for me.'

23. *mètres.* The French system of lineal measurement is decimal. The *mètre* is the unit. It is the ten millionth part of the arc of a terrestrial meridian contained between the Pole and the Equator; it = 3.2808 ft. English.

Richard Cœur de Lion was buried, as his father Henry had been, in the burial place of the Counts of Anjou, the Abbey of Fontevrault, near Saumur. His heart Richard bequeathed to the Normands. Tablets of marble in the pavement of Rouen Cathedral mark the spot where Richard's heart and the body of his brother Henry were buried. Richard's effigy at Rouen is 6½ ft. long.

24. *St. Ouen.* This church, dedicated to an Archbishop of Rouen (died 678), was built in the fourteenth and fifteenth centuries. As there is an apprentice's pillar at Rosslyn, in Scotland, so here there is an apprentice's window. The legends are identical: the master surpassed, murders the apprentice from jealousy.

25. *du Père.* The house in which Pierre Corneille—Le grand Corneille, the first of the great French dramatists—was born, stood in the *Rue de la Pie* till 1861. He and his brother Thomas married two sisters, and lived in one house—Thomas writing above, and Pierre writing below; Pierre, when in want of a rhyme, calling out *cieux*, as it might be, and Thomas replying with *dieux, lieux, yeux*, till his brother was fitted. In his thirtieth year Corneille produced his famous drama "The Cid" (see p. 71, l. 18), founded on the Spanish of De Castro. The Cid is the Spanish national hero, Rodrigo Diaz de Bivar, called "El Seid," or "The Lord," by the Moors over whom his victories were won. The nobility of Corneille's style, first displayed in "The Cid," earned for him the title "Le Grand." Corneille was a bad courtier, and the reading public of his day was very small; it is therefore no wonder that he died poor.

28. *saoul*, etc. Said by Corneille of himself.

30. *La sage*, etc. Boileau, *Art Poëtique, chant iv.*

Page 9.

4. *des plus attrayantes.* A partitive genitive, lit. 'of,' *i.e.* 'among the most . . .' Translate 'a magnificent and most attractive.'

6. *de se gâter.* Render 'to alter for the worse.'

9. *Sully.* Maximilien de Bethune, Baron de Rosny, born December, 1560, created Duc de Sully, 1606, was presented to Henri of Navarre (afterwards Henri IV., the Great of France) in his twelfth year. In his fifteenth year he joined the army of the League, headed by Henri, a combination of Protestants and Catholics, against the French crown. The civil war of nineteen years, which was terminated only by the battle of Ivry and the entrance of Henri into Paris in 1594, was the school in which Rosny prepared himself to become Minister of Finance (1597), and to combine with this office those of grand master of the artillery, director of the marine, master of works, and director of bridges and highways. On the murder of Henri in 1610, Sully went into honourable retirement, dying at his Château of Villebon, near Chartres, in 1641.

—. *qu'il fait bon.* Translate 'how pleasant it is.' Cf. phrases denoting states of the temperature: e.g. *il fait chaud.* Remember that 'good' is a noun in the phrase 'to do good,' the French for which is *faire le bien* (generally speaking), or *faire du bien à quelqu'un*, 'to do [particular] good to a [particular] person.'

20. *tout en faisant.* The adverb *tout* simply emphasizes *en faisant.* Render by 'all the while.'

25. *le chemin du.* Remember that 'the road to' is in French *le chemin de.*

Page 10.

2. *religieux.* *Religieux* are men in regular monastic orders —monks.

—. *la Trappe.* The first monastery of this order was founded by the Count of Perche in 1140 at Soligny, a few miles north of Mortagne, in what is now the Département of Orne. Their rule is austere. Perpetual silence, communication by signs, a vegetable diet, sleep without change of dress, on a straw mattress, and daily rising at 2 a.m., or even at midnight on holy days, are obligatory. Disorders among the Monks at Soligny in the seventeenth century earned for them the name *Bandits de la Trappe.* Reformed in 1666 by Abbé La Rancé, this monastery was suppressed in 1790, but restored in 1814. The Carthusians, *Chartreux,* feminine *Chartreuse* (see below), are of the Order founded by S. Bruno in 530, a branch of the Benedictines. Their rule requires them to live in a monastery subject to an abbot. The English school 'Charterhouse' was housed by the founder in a Carthusian building. A convent of Carthusians is *Chartreuse.*

4. *que veulent dire,* etc. Render by 'what is the meaning of . . .?' Cf. *Que veut dire ce mot?* 'what does this word mean (lit. want to say)?'

7. *l'assister dans son agonie.* *Assister un malade* is to give pious exhortations to a sick man.

23. *Poissy, célèbre,* etc. Louis IX. of France, born at Poissy in 1285, used to sign himself *Louis de Poissy.* Louis IX., surnamed *le Saint,* is known in English histories as Louis the Pious. The conference of Poissy was held in 1561, and its first meeting attended by Charles IX. in order to attempt to reconcile the Reformed with the Roman Church.

29. *sans dire gare.* *Gare* is an imperative used as an exclamation, 'look out!' 'out of the way!' Translate 'without giving a word of warning.'

Page 11.

5. *peu harmonieux.* See note to p. 7, l. 3.

11. *véloceman.* The word 'velocipede' came to England from France. *Véloceman* is a hybrid compound, of which the first component is French, the second English.

15. *tiennent de.* *Tenir de* means, idiomatically, 'to have some relation to, or connection with.' Render by 'are connected in some way with.' Cf. *il tient de son père,* 'he is like his father.'

20. *engeance.* This word, properly used of domestic animals, and particularly of poultry, e.g. *poules d'une belle engeance,* is only used of persons when contempt is to be expressed.

21. *qu'il se fasse jour.* The literal meaning of *se faire jour* is to make an opening by which daylight can pass. Hence it means 'to open or force a passage for one's self, to make one's way.'

25. *il en fera de même.* The adverbial phrase *de même,* lit. 'similarly, in the same way,' supplies in this idiom the place of a sentence: *e.g.* here 'what the horse has done,' thus becoming a virtual object to the verb *faire.* Cf. *il en est de même de,* 'it is the same thing with,' where *de même* is virtually the predicate. Translate the text 'he will do the same.' *En,* lit. 'in respect of it,' vaguely refers to what one is speaking about. Do not attempt to translate it in this and similar idiomatic uses of it.

31. *rire au nez.* *Nez* is used in many phrases where the English uses face. Cf. *avoir le nez long, nez à nez.*

Page 12.

6. *réchappé de Charenton.* Translate 'madman escaped from Bedlam.' *Charenton* is a village about four miles south-east of Paris, famous for its *Maison de Santé,* or Lunatic Asylum.

7. *les barrières.* These are the gates at which tolls are paid on provisions brought into town from the country. Before the Revolution every province and every town had barriers. Many French towns still levy this toll on provisions, which is called *octroi,* the office for receipt of it being called *bureau d'octroi.*

8. *l'Avenue de la Grande Armée.* This street is the approach from the north-west to the *Arc de Triomphe de l'Étoile* (see p. 15, l. 10), from which the short Avenue Friedland leads eastward into the long Boulevard Haussman, the name of which commemorates the Prefect of the Seine (see note to p. 25, l. 27), under whose administration many great works of improvement in and about Paris were undertaken during the reign of Napoléon III. The *Arc de l'Étoile* is one of the two triumphal arches which have been completed, out of four which Napoléon I. intended to erect. The *Arc de Triomphe du Carrousel,* erected in honour of the *Grande Armée,* was completed by Napoléon himself. The *Arc de l'Étoile* was completed by Louis Philippe in 1836. It is an arch 95 ft. high by 46 ft. wide. The total height of the structure is 160 ft. Twelve *avenues* and *boulevards*

radiating from this point form a star, and suggested a name for the arch. The word *boulevard* is the English 'bulwark;' both are from the German *Bollwerk*. The fortifications surrounding Paris were removed in the reign of Louis XIV., and the moats were filled up. Streets were built on the ground formerly occupied by the fortifications, named *boulevards* from their site, and, as it chanced, lined with trees. The name has continued to designate any new and fine street lined with trees.

11. *la défense de la capitale.* The siege of Paris lasted five months. The Germans entered the capital on March 1, 1871. It will be convenient to gather together here the various allusions in the text (p. 16 *et seq.*; p. 28; p. 47) to the Franco-German War of 1870–71. The defeat of Austria at Königgrätz, July 3, 1866, decided the long struggle between Prussia and Austria for the headship of the German Confederation (Staatenbund). The Prussian Minister, Bismarck, was then able to form a strong federation (Bundesstaat) of North German States, and to secure the friendship of the Southern German States. In 1867, Napoléon III., disappointed of his hope to snatch some advantage from the war between Prussia and Austria, endeavoured to purchase the fortress of Luxembourg, in which Prussia had been entitled since 1839 to keep a garrison, though the dukedom was in the dominions of the King of Holland. Napoléon, whose position in France made a war desirable, at first intended to make Luxembourg a *casus belli*, but finding that he could not count on the friendship of the South German States, agreed to Bismarck's proposal for a conference of the Powers. The fortress was to be evacuated, and Luxembourg to remain in possession of Holland. These conditions were ratified by the contracting Powers. But Napoléon required war, and in 1870 he found a pretext in the candidature of Prince Leopold of Hohenzollern for the Spanish throne. In spite of the conciliatory retirement of this prince from his candidature, Napoléon sent Prussia a declaration of war, which was read by Bismarck to the North German Parliament July 19, 1870. In a few weeks, after a rapid succession of victories, beginning with Weissenburg, August 4, and Spichern, August 6, Napoléon was taken prisoner at Sédan, September 2, and the German army was before Paris, defended

by the Republican Government, declared on September 4. Strasbourg capitulated, September 27; Metz, October 27; Orléans was taken, December 2–4. At St. Quentin (Département Aisne) the French *Armée du Nord* was defeated, January 19, 1871 (on January 18 the King of Prussia had been declared German Emperor at Versailles); the capitulation of Paris followed on January 28; the preliminaries of peace, in which Germany stipulated for the surrender of Alsace and Lorraine, and for the payment of a war indemnity, were signed at Versailles, February 26, 1871; and on March 1 the Germans entered Paris.

Page 13.

6. *centaines de mille de.* The numeral adjective *mille* is invariable, even when, as here, it is used for the collective noun *millier*. *Cent* and *vingt* take the mark of the plural under certain conditions (see Grammar); the numeral *mille*, never. Cf. note to p. 25, l. 24.

28. *chemin de fer aérien.* The English have adopted the less elegant Americanism 'over-head railway.'

30. *des Gobelins.* *Gobelin* established scarlet dye-works in the reign of François I. The word in the plural now denotes certain kinds of magnificent tapestry, or the workshop in the *Avenue des Gobelins*, in the south-east of Paris, where it is manufactured. Colbert, Louis the Great's great minister, bought the factory for the Crown in 1682, and the work is still carried on by Government. It is said that 'an area of six square inches is the average daily task of each workman;' so fine is the work.

Page 14.

13. *prêtaient serment.* The members of the *tiers état*, the third estate, or commons, finding that the nobility and clergy, in concert with the Court, considered that the États Généraux had only been convoked to discover a method of paying the National Deficit, and not to correct national abuses, proceeded to constitute themselves, with or without the clergy and nobility, the National Assembly. On June 20, 1789, the

members, shut out of their chamber by a miserable device of the Court, took refuge in a tennis-court (*salle du Jeu de Paume*), and there took the oath (*le serment du Jeu de Paume*) not to separate before giving France a Constitution. On July 14 of the same year, the Bastille, an ancient fortress used as a State prison, was stormed and taken by the people of Paris (see p. 14, l. 15). *La terreur* (see below, p. 14, l. 20) is the name given to the year from May 31, 1793, to July 28, 1794, during which the Committee of Public Safety, the most influential member of which was Robespierre, was enabled, by the support of the Paris mob, to dictate to the National Convention, which had replaced the Assembly, September 21, 1792. The Convention, in its turn, was replaced by the Directory in 1795. The Executive Government was placed in the hands of five Directors. In 1799 the five Directors were replaced by three Consuls, of whom one was Bonaparte. In 1804 Bonaparte assumed the Empire under the title of Napoléon I. (see below, p. 14, l. 25).

25. *des Invalides. L'Hôtel des Invalides*, a retreat for old or infirm soldiers at Paris, was founded by Louis XIV., April, 1670, "*pour assurer une existence heureuse aux militaires qui, vieillards ou infirmes, se trouveraient sans ressources*," etc. *Le Dôme des Invalides* is a church at the back of the *Hôtel*, constructed in 1706. The body of Napoléon I. was brought from St. Helena to be buried here in 1840, in compliance with the request in his will: "*je désire que mes cendres reposent sur les bords de la Seine au milieu de ce peuple français que j'ai tant aimé.*" The tomb is a magnificent granite crypt, under the dome.

30. *Trois fois . . . la vieille Lutèce.* The oldest part of Paris, *la Cité*, in which is the cathedral of *Notre-Dame*, stands on an island in the Seine, the site of a town called by the Romans Lutetia. Paris was entered by the Prussian and Russian allies on March 31, 1814, and again by the Prussian and English allies on July 7, 1815, after the return of Napoléon from Elba and his defeat at Waterloo. On February 26, 1871, Thiers and Favre signed, on behalf of France, preliminaries of peace with Germany, and on March 1 following the Germans entered Paris. On March 18, 1871, the Communist Rebellion, a civil war, was begun by some insurgent soldiers, who murdered Generals Thomas and Lecomte, and seized the cannon on the hill of

Montmartre. On May 20, the Communist '*Comité de Salut Public*,' aware that they could no longer hold Paris, issued orders to fire the principal public buildings. After severe fighting in and about Paris, the rebellion was finally crushed by the Versailles troops on May 27, 1871, but not before immense destruction had been done by the incendiarists of the Commune, who, using petroleum to ensure success, fired and destroyed the *Hôtel de Ville*, the *Palais de Justice*, great part of the *Tuileries*, and other buildings.

Page 15.

8. *la Colonne de la Liberté.* The *Colonne de Juillet*, surmounted by a statue of Liberty, stands in the *Place de la Bastille*, where Napoléon had designed to erect a memorial of the Revolution, and commemorates those who fell in the Revolution of 1830.

9. *Vendôme.* The *Colonne Vendôme* in this square was erected by Napoléon to commemorate the victories of 1805, which culminated in Austerlitz. It stands near the north bank of the Seine, in the central portion of the city.

11. *le Panthéon.* The church of Ste. Geneviève, the patron saint of Paris, was secularised in 1791, and made the burial-place of the great men of France. *Mirabeau* was the first buried there. The building was again consecrated in 1851, but the inscription *Aux grands hommes la patrie reconnaissante* still remains.

—. *gloires.* Translate this plural of an abstract noun, lit. 'fames,' by the concrete 'famous men.'

12. *Gargantua.* To the country people of old France Gargantua was a giant of old; that rock was his chair; another rock was his tooth. To us Gargantua is known by the "Life of Gargantua," in which François Rabelais, the contemporary of Luther, under cover of much boisterous merriment—he derives, for instance, Gargantua from *que grand tu as et souple le gousier*—finds vent for "deep and bold" thoughts upon social reformation. Rabelais was born about 1495; became a monk and an eager scholar; studied medicine at Montpellier, and taught it there in 1530; published his "Life of Gargantua" in 1535, and

continuations of it at wide intervals during the following thirty years.

14. *Quasimodo.* See Victor Hugo's historical romance "Notre-Dame de Paris." *Quasimodo* is the popular name for the first Sunday after Easter, being Latin, taken from the Mass for that day. The Introit for the day is 1 Peter ii. 2. *Quasimodo geniti infantes,* 'As new-born babes.' See also note to p. 71, l. 16.

18. *religieux.* See note to p. 10, l. 2.

19. *le son des cloches,* etc. The signal for the massacre of St. Bartholomew's Day (*le massacre de la Saint-Barthélemy*) was given, Charles IX. then reigning in France, from the tower of St. Germain l'Auxerrois, on the night of August 24, 1572. The funeral peal was continued the whole night. The town of *Auxerre,* after which the saint is named, is in the department *Yonne.*

Page 16.

1. *fontaines lumineuses.* We call them not 'luminous,' but 'fairy.'

7. *il y avait bien quelques jours.* Render the force of *bien* by 'some few days.' Cf. p. 17, l. 19, *nous étions bien encore à dix kilomètres,* 'we were still at a distance of *ten full* kilomètres.'

19. *Bois de Vincennes, et seq.* On the advance of the Germans against Paris, the seat of the French Government was transferred to Tours. Gambetta escaped from Paris in a balloon, descended at Amiens, and arrived at Tours on September 9, 1870, in order to organize an army in the provinces for the relief of Paris. Orléans, which had been taken by the Bavarians, October 11, was recovered by the new French *Armée de la Loire* on November 9. But on December 2, the day of the sortie from Paris, the series of skirmishes (December 2–4) began, which ended in the re-occupation of Orléans by the Germans. Gambetta (Léon Michel), born at Cahors in 1838, proposed the deposition of Napoléon after his surrender of Sédan, and the proclamation of a Republic (see note to p. 12, l. 11). He was dictator of France from the time of his escape from Paris till February, 1871, became the leader of the advanced Republican

party after the suppression of the Communist rebellion (see note to p. 14, l. 30), and Prime Minister in 1880; received a wound from a pistol shot, November, 1882, of which he died on December 31 following.

Page 17.

19. *kilomètres.* See note to p. 8, l. 23, and note to p. 20, l. 23. The prefix *kilo* is from the Greek, and means 1000. Cf. *kilogramme*, *kilolitre*, etc. The *kilomètre*, or 1000 *mètres* = 0.621 mile English. By a convenient approximation 8 *kilomètres* = 5 miles English.

Page 18.

2. *n'a point d'oreilles.* Proverbs are very sparingly used in good English writing. The nearest to the French is perhaps the Scotch 'it's ill speaking between a fu' man and a fasting.'

9. *train de nuit.* See p. 74, l. 14, and note.

12. *l'Aigle de Meaux.* Bossuet, Bishop of Meaux from 1681 to 1704, is called the Eagle of Meaux, as Pindar the Greek poet is called the Theban Eagle. Cf. Gray's "Progress of Poesy."

19. *de plus belle.* Translate 'harder than ever.' French is fond of employing adjectives in the feminine gender, in agreement with some indeterminate noun: e.g. *voir de grises*, 'to see grey things' (things you don't like); *jouer la belle*, 'to play the conqueror.' In the text *belle* is used adverbially. Cf. *l'échapper belle*, 'to get off finely,' *i.e.* have a narrow escape.

26. *endimanchée.* Translate 'dressed in its best.' The literal meaning of the word is 'dressed in one's Sunday clothes' (*habits du dimanche*).

Page 19.

2. *La Fontaine.* The *fabuliste* succeeded his father as *Maître des Eaux et des Forêts* at Château-Thierry, an excellent school for poetry, as La Fontaine understood the duties of his office. At the suggestion of the Duchess of Bouillon, he went to Paris, where he was successively protected by Fouquet; by

Madame de la Sablière, who, on reducing her establishment, "got rid of all her animals but three—her dog, her cat, and La Fontaine;" by the Duke of Burgundy; and by M. d'Hervart. The poet died in 1695.

13. *Racan.* Racan was a poet of the sixteenth century, whom La Fontaine introduces in Bk. iii. 1, as holding a dialogue with his brother poet Malherbe: "*autrefois à Racan Malherbe l'a conté. Ces deux rivaux d'Horace, héritiers de sa lyre . . .*"

18. *Sarah.* The allusion in the text is to the actress Sarah Bernhardt. Great actors and singers are often best known and longest remembered by their performance of little things. "Les deux Pigeons" is a fable by La Fontaine, Bk. ix. 2.

22. *le garde-champêtre.* The *garde-champêtre* has the duties of a rural policeman; it is his business to prevent damage being done in the fields, as well as to apprehend offenders of all sorts in his *commune* (see note to p. 19, l. 25).

25. *la commune.* The *commune* (parish) is the smallest French political division of the country. Every *commune*, even the smallest country parish, has its *maire*, who administers the property of the *commune:* e.g. the streets with their lamps and paving, the church, etc., issues police regulations, solemnizes marriages, and keeps the register of births, deaths, and marriages at the *mairie*, or *maison commune*.

28. *elles se vendent de quatre vingts.* Translate 'they are sold *at from* eighty.' For the French way of stating the price without a preposition, cf. note to p. 6, l. 25; and cf. below, *personne ne nous achèterait . . . plus de quarante,* '—at more than forty.'

29. *les cent kilos.* Nouns of measure and weight are stated with the definite article and without a preposition, after the price in French. *Kilo* is short for *kilogramme*, which = 1000 × 15.43 gr. English = 2.20 lbs. English. The *gramme* is the unit in the modern French decimal system of weight. Cf. note to p. 8, l. 23.

Page 20.

3. *des plus tentantes.* See note to p. 9, l. 4.

6. *nuages . . . nimbus. Nuage* is the general term for 'cloud;' *nimbus* is the scientific meteorological word for a heavy black rain-cloud.

8. *dilettante.* This word from the Italian means, literally, 'one who takes pleasure.' It is used generally in the sense of 'amateur,' and in particular of amateurs in music.

10. *pour aller se mirer.* Translate this idiomatic phrase, lit. 'in order to go and mirror itself,' by the simple 'and mirrored itself.' For this use of *aller*, cf. note to p. 8, l. 3.

18. *Croyez-vous aux revenants. Croire* has three constructions, meaning: (1) with an accusative of person or thing, 'to believe;' (2) with *à*, to 'believe in;' and (3) with *en*, 'to believe in': e.g. *croire en Dieu.*

23. *centimètres.* The prefix *centi* here, as in *centigramme, centilitre*, etc., denotes the hundredth part of. Cf. *deci-* = $\frac{1}{10}$; *milli-* = $\frac{1}{1000}$. Greek prefixes are used as multipliers; Latin prefixes are used as divisors.

29. *par trop.* The preposition *par* gives to *trop* the sense of *beaucoup trop*, 'far too.'

31. *vagon.* This word, from German *Wagen*, may also be written with a *w*, a letter which only appears in French words borrowed from other languages. German *w* is sounded *v* in French: e.g. *Norwège*; English *w* is sounded *w*: e.g. *whig.*

Page 21.

4. *motrice et conductrice.* Translate 'driving and steering wheel.'

6. *un forçat ses boulets.* Render *boulets*, lit. 'balls' (affixed to the end of a convict's chains) by 'chains.' With the word *forçat*, 'convict,' cf. *maison de force* (lit. 'house of coercion'). French convicts were formerly made 'galley slaves' in the galleys which were employed in the Mediterranean till the end of the eighteenth century, whence the term *galérien* for a convict.

9. *allait le précipiter.* Cf. note to p. 8, l. 3. This idiomatic

use of *aller* should, however, be rendered wherever the English is not made too cumbrous by rendering it. Translate here 'threw him in its progress.'

16. *je me le tins pour dit.* Lit. 'I took it to myself for said,' *i.e.* 'I considered it as said.' Translate 'I asked no more questions.'

18. *du Saint Office.* This is the term for the tribunal of the Inquisition.

30. "*pays.*" The word here means 'villages.'

Page 22.

5. *d'aller nous aplatir.* In *nous* the rider includes the machine. For *aller*, cf. note to p. 8, l. 3. Translate here by 'driving and flattening ourselves.'

8. *que faire?* Translate 'what was I to do?' With this use of the infinitive in an exclamatory question, cf. the indirect questions *je ne savais que faire ; je ne savais que devenir.*

10. "*Adieu,*" etc. See "*La Laitière et le Pot au lait,*" La Fontaine, Bk. vii. 10. The moral of Perrette's misfortune, not to count one's chickens, is enforced in the next fable, "*Le Curé et le Mort,*" by the doleful end of Messire Jean Chouart.

18. *s'est couronné.* *Se couronner*, said of a horse, is to break the skin of the knees.

24. *prendre mon parti.* Translate 'to take my resolution.'

Page 23.

7. *Jeanne d'Arc.* Connect with the history of Jeanne d'Arc her birthplace, Domrémy; Chinon, where she announced her mission; *Orléans*, which she relieved; Reims (see text); and Rouen, where she was burnt in 1431. The noblest monument to her memory has been raised by a German, by Schiller, in his tragedy "Die Jungfrau von Orleans."

9. *lors du sacre.* The *ampoule* containing a portion of the sacred oil with which St. Rémi, Bishop of Reims in the sixth century, anointed Clovis, was preserved till the Revolution in the church of St. Rémi. All the kings of France, from Philippe Auguste, 1179, to Charles X., 1824, were consecrated at Reims,

with the exception of Henri IV. (at Chartres), Napoléon I. (at Paris), and Louis XVIII. (no consecration).

Page 24.

11. *une guerre fatale.* The Seven Years' War, 1756–63.

28. *par milliers ou centaines de mille . . . mais par millions.* Cf. note to p. 13, l. 6. *Millier, million, billion,* and *milliard,* are collective nouns, and therefore take the mark of the plural.

Page 25.

17. *Monsieur le chef.* In translating omit *Monsieur le,* or *Madame la,* which are used in French when a person is spoken *of* or *to* by title instead of by name. Render here 'the Manager,' since the person is spoken *of.* The same words used in address would have to be rendered simply 'sir!' since we only address people by their title in English when the title confers dignity.

18. *sur place.* Translate 'on the spot.'

23. *voulut bien.* Translate 'was kind enough.' *Vouloir* with *bien* means (1) consent, be kind enough; (2) in the conditional, 'like.'

24. *quelques milles.* The old French mile, which is shorter than the English mile, has properly no place in the modern decimal system, being replaced by the *kilomètre. Mille* may be used (1) in stating distances roughly; (2) in stating distances in *geographical* miles. *Mille,* 'mile' (= *mille pas,* or 1000 paces), is a noun, and takes the mark of the plural. The old *lieue de poste* of three French miles = 2 m. 743 yds. English.

27. *département.* The National Assembly substituted in 1789 the division into *départements* for the division into provinces. The *département* corresponds to the English county, and is administered by a *préfet,* who lives in the capital of each *département* and represents the State. The *départements* are divided into *arrondissements,* under a *sous-préfet,* who is, like the *préfet,* a Government official; the *arrondissements* are divided into *communes,* administered by a *maire* (see note to p. 19, l. 25), who is elected by the inhabitants, or in small *communes* by the *conseil municipal.*

Page 26.

27. *percepteur des impôts.* Translate 'the tax-collector.' The collector pays the money into the hands of the *receveur.* The most important French 'direct tax,' *contribution directe,* is the *contribution personelle,* a tax equal to the worth of three days' work, paid by all Frenchmen without exception.

Page 27.

1. *députés. La Chambre des députés* corresponds to the English House of Commons. The *députés* are elected for four years. There is also an Upper House, *Sénat,* consisting of three hundred *Sénateurs,* who are not hereditary legislators, but elected by the *députés* and other representative persons and public bodies in each *département* to represent the *département* for nine years.

6. *hâbleurs.* This noun, in modern French always used in a bad sense, is from the Spanish *hablar,* 'to speak.'

17. *je crains fort qu'il ne restèruit.* Conditional sentences, dependent on verbs in a present tense which govern a subjunctive, create a difficulty. The past tenses of the subjunctive may be used, in spite of their dependence on a present, to express a conditional event: e.g. *je ne crois pas qu'il obtînt cette place sans votre protection* ('—that he would obtain—'); *je ne crois pas qu'il eût obtenu . . .* ('—that he would have obtained—').

—. *peu de chose.* The English idiom is 'little worth mentioning.'

19. *terre à terre. Aller terre à terre* is 'to hug the land,' 'to grovel.' The adverbial phrase *terre à terre* is here used adjectivally in the sense of 'grovelling,' 'vulgar.'

20. "*paysan du Danube.*" La Fontaine, xi. 7.

24. *force me fut.* Render this curt proverbial phrase by 'no help for it but to.'

Page 28.

8. *quelques-uns.* Render by 'a few.'

27. *journées.* The use of 'day' with the name of a battle is

familiar in English; without the name of the battle hardly intelligible. Render by 'battles.'

Page 29.

19. *le général bavarois.* See note to p 12, l. 11.

21. *ne . . . grand'chose.* Cf. the English 'no great matter.' *Grand'chose* is never used without a negative. For the form of the word, cf. note to p. 7, l. 29.

27. *des deux côtés.* Translate 'on both sides.' Cf. note to p. 8, l. 1.

28. *de deux à quatre rangées.* These words are the object to *figurez. De deux à* means 'from two to.'

Page 30.

7. *grande ouverte.* Like the English 'wide,' the adjective *grand* is used in this and similar phrases with adverbial force. Cf. the predicative use of the adjective *grand* in *ouvrir les yeux tout grands*, 'to open the eyes wide' = 'open widely.'

9. *voilà la guerre,* etc. In these exclamations, translate *voilà*, lit. 'behold there' (*vois-là*), by 'that is,' 'those are,' according to the number of its object.

16. *ne s'en voulant plus.* Translate 'no longer bearing enmity to one another.' In the similar idiom *vouloir du mal à quelqu'un, du mal* gives a harsher meaning than the vague object *en ; vouloir du mal* à is 'to bear a grudge against.'

20. *péripéties du grand drâme.* This word is the French form of a Greek word (*peripeteia*, lit. 'a falling round,' *i.e.* sudden change). Translate here 'turns of fortune.' As a critical term, it was applied in Greece to the *dénoûment* of a drama.

Page 31.

2. *je m'en voulais.* Render here by 'I was angry with myself.' Cf. note to p. 30, l. 16.

12. *assistèrent au.* Remember that *assister à* is 'to be present at,' and that the translated use of the verb, in the sense 'assist,' is a secondary use.

15. *commis-voyageur*. Instead of a 'commissioned-traveller,' English has a 'commercial traveller.' In the sense 'clerk,' *commis* has the same primary meaning, 'one who is given a charge.'

16. *Malbrouck*, etc. The Duke of Marlborough was at least as well known on the Continent as in England. A simple popular tune has sufficed to keep his memory alive in France, now nearly two centuries.

—. *un flageolet de deux sous*. Translate 'a penny whistle.' See note to p. 6, l. 20.

20. *d'emprunt*. Cf. *beauté d'emprunt*, *vertu d'emprunt*. Render by the adjective 'borrowed' or 'factitious.'

Page 32.

6. *en vrai torrent*. The preposition *en* here denotes the manner. Render by 'like a.'

9. *les douaniers*. See note to p. 5, l. 3.

10. *si tant est que*. Lit. 'if so much is that.' Translate 'supposing that.' It is implied that the supposition is probably false.

16. *méandres*. The river Mæander of ancient Lydia has many windings.

27. *on dîne*. These are also German hours. In France the first breakfast is a simple roll and cup of coffee. The second breakfast, or *déjeuner à la fourchette*, is taken between ten and twelve; the dinner between five and eight—from six to seven being the most popular hour. Parisian hours are, of course, later than provincial hours. In Germany the early breakfast resembles the French in earliness and lightness; dinner is, among the upper middle class, eaten at one o'clock, and a substantial cold supper at seven or eight.

—. *vers les une heure*. By false analogy with the other hours, which are plural, the plural *les* is used in the expression *vers* or *sur les une heure*. But *sur le midi*, *sur le minuit* are said, not *sur les midi*. In the phrase in the text, *liaison* does not take place between *les* and *une*.

Page 33.

1. *en attendant que . . . fût.* Observe that this is not the phrase of common occurrence: *en attendant*, 'while waiting,' = 'in the mean time;' but the conjunctive phrase 'while waiting that . . . was' = 'while waiting for . . . to be.'

5. *la partie.* Translate 'the excursion.'

19. *ces bancs à l'apparence si confortable.* Observe that in the French phrase it is the *apparence* which is *confortable*; in the corresponding English, the benches are comfortable—in appearance.

26. *mon compagnon de gauche.* Lit. 'my left-hand companion.' Substitute 'on the left.'

28. *de tout.* *De tout* depends on *parlâmes*, not on *un peu.*

Page 34.

4. *il n'y a plus à les regretter.* Translate 'there is no longer any ground for wishing them different.'

8. *Godfroy de Bouillon.* See "History of the First Crusade."

10. *place d'armes.* Translate 'parade ground.' This term is also applied to a fortress in which war-stores are kept.

18. *dits de Godfroy.* *De Godfroy* is the possessive case.

19. *les routes de France.* See note to p. 71, l. 3.

25. *je n'en pouvais plus.* Lit. 'I could no more of it.' The idiom expresses exhaustion: 'I could endure no more.'

27. *détestables au possible.* Lit. 'in the (highest) possible (degree).' To qualify *détestables* by 'utterly' will be a sufficient translation. Familiar English has, *e.g.*, 'as bad as bad can be.'

Page 35.

2. *oubliettes.* The prisoner was forgotten; lit. 'fell into forgetfulness of men:' *tomba dans l'oubli.*

16. *trouver le mal.* *Le mal* is 'evil.' Cf. note to p. 9, l. 9.

19. *raison d'être.* Lit. 'reason for existing.' Translate by 'justification for its existence.' The French phrase, being more elegant and exact than any yet found in English to express the same meaning, is often borrowed in English speech.

19. *ne laisse pas d'avoir une grande vogue. Ne laisser pas* followed by *de* with the infinitive, means to do a thing none the less for something which might prevent it. Translate 'is none the less very much in fashion.'

20. *Autres temps, autres mœurs.* This is an exactly curt rendering of the curt Latin proverb *alia tempora, alii mores,* 'other (different) times, other fashions.'

31. *gâtait bien.* Translate *bien,* 'it is true,' here and everywhere consulting the context before translating it.

Page 36.

8. *dans la matinée.* Translate 'in the course of the morning.'

9. *je ne tardai pas à laisser. Tarder à* is 'to be long or slow in.' Translate the text by 'I soon left.''

12. *c'était à faire pitié.* Lit. 'it was to cause pity,' *i.e.* 'it was pitiable.' Cf. *chanter à faire pitié,* 'to sing (so as) to cause pity,' *i.e.* 'pitiably.'

23. *contrebandier.* He was smuggling over the Franco-Belgian frontier.

28. *je piquai des deux. Piquer des deux* is a metaphor from horsemanship, in common use, lit. 'to spur with both (spurs).' The text may be rendered 'I spurred on.'

Page 37.

4. *de mon côté.* See note to p. 8, l. 1.

8. *emballage.* Translate 'a spurt.' The verb *emballer* means 'to pack up.' *Emballeur* has also a metaphorical sense as well as *emballage;* it may mean 'one who packs (you) up (with lies).'

—. *je luttai de vitesse.* The preposition *de* here denotes manner. 'To contend in speed' is 'to race.'

11. *portèrent juste.* Lit. 'carried accurately,' *i.e.* 'hit the mark.'

16. *à fond de train.* With this phrase, cf. the use of 'bottom' in the sense of 'endurance.' Translate 'at top speed.'

24. *il se sauva à toutes jambes.* Remember that *se sauver* is

'to run away.' With *à toutes jambes*, lit. 'with all one's legs,' cf. 'make the best use of one's legs.'

25. *demandais.* Render here by 'wanted.'

28. *aurait bien pu.* Translate *bien* by 'very likely.' See note to p. 35, l. 31.

Page 38.

3. *ma chasse à courre. Courre*, the old form of *courir* (Lat. *currere*), is only used in the infinitive. *Chasse* is the general term for the pursuit of any kind of game, in any manner. *Courre* is 'to course:' e.g. *courre le lièvre.* Translate the text simply by 'the chase.'

14. *de partir d'un bon*, etc. The infinitive is thus used absolutely to give liveliness to the style. Translate 'and then off she started with a pleasant . . .' With this use of *partir*, cf. its use with *fusil*, etc., in the sense of 'to go off.'

—. *seyait.* For the forms of this defective verb which are in use, see Grammar.

20. *curé.* Translate by 'parish priest.' The *curé* is he who has the cure (Lat. *cura*, 'care') of souls. The assistant priest (English curate) is *vicaire.*

23. *ouailles.* This word, connected with the Lat. *ovis*, 'sheep,' is only used in the plural, and then only metaphorically of a pastor's flock, *i.e.* 'parishioners.'

30. *qu'il avait appris à manier. Que* is the object of *manier*; the past participle *appris* therefore does not agree with the gender of the antecedent to *que.*

Page 39.

5. *je comptais m'arrêter. Compter*, with an infinitive, is 'to intend,' or 'expect.'

8. *force me fut.* See note to p. 27, l. 24.

9. *mes curieux.* In translating add a suitable noun: *e.g.* 'friends.' French adjectives and participles can be used both in the singular and the plural without a noun; a few English adjectives and participles may be used in the plural without a noun, none in the singular: e.g. *le blessé*, 'the wounded man;' *les pauvres*, 'the poor.'

17. *mets à le dire.* The English idiom is 'to *take* time in telling a thing.'

22. *s'il ne s'était pas fait mal.* Translate 'if he had not hurt himself.'

24. *peu s'en fallut qu'il ne m'arrivât le même* . . . Translate 'the same misfortune *very nearly* happened to me.' *Il s'en faut,* accompanied by a negative (e.g. *il ne s'en faut pas beaucoup*), or by a word equivalent to a negative (e.g. *peu*), requires *ne* with the following subjunctive. *Falloir* in this idiom is transitive, and has the sense 'to want:' e.g. *il ne s'en faut guère,* 'there is hardly (anything) wanted.'

Page 40.

3. *Luxembourg.* See note to p. 12, l. 11.

25. *toupet.* This word is used in the sense of 'cheek.'

27. *dont il tirait le plus grand parti.* Translate the text by 'of which he made the most.' For the meaning of this idiom, cf. p. 57, l. 9.

Page 41.

2. *à si bon marché.* *Marché* means (1) market; (2) (market) price. *Bon marché* is a 'good bargain;' *à bon marché* = 'cheaply.'

3. *une pièce de quelques centimes.* See note to p. 6, l. 20. Translate by 'a half-penny or penny piece.'

15. *elle . . . l'air délabrée.* In phrases with *avoir l'air,* it is customary in French to make the predicative adjective following *air* agree with the subject to *avoir,* and not, as it grammatically ought, with *air.* Thus *elle a l'air content* (she has the look happy) is grammatically correct. But custom considers that, *e.g.*, 'has the look' = 'looks;' and *elle a l'air contente* is said. A distinction may be made between *elle a l'air contente,* 'she looks HAPPY,' and *elle a l'air content,* 'she LOOKS happy.'

16. *Trêves.* *Trêves,* German *Trier,* anciently the capital of the *Treviri,* is said by the inhabitants to have been a city 1,300 years before Rome! The *Basilique,* now the Cathedral, was formerly the *basilica,* or palace of the Empress Helena. The *Porta*

Nigra or *Porta Martis*, built in the time of Constantine, is now the church of St. Simeon. The Archbishop of Trêves gave the first vote in elections to the Empire.

24. *bien quelques-uns.* Render the force of *bien* with *quelques-uns* by 'more than one,' implying a good many.

Page 42.

3. *je ne fais que raconter.* *Je ne fais que* . . . is here used in the non-idiomatic sense of 'I do nothing but relate, *i.e.* 'I merely relate.' But in the idiomatic *il ne fait que sortir*, 'he does nothing but . . .' means 'he keeps on going out.'

4. *si tant est que j'en aie une.* See note to p. 32, l. 10. Translate 'if I really have. . . .'

16. *d'usage . . . de nécessité.* Translate by adjectives.

17. *courir la ville.* The intransitive *courir* is here used transitively in the sense of *parcourir*. Intransitive verbs are not infrequently used transitively with an accusative of cognate (related) meaning: *e.g.* 'sleep the sleep of death;' *courir le risque*, 'run the risk.'

27. *le traité.* This is the treaty of peace signed between France and Austria after Bonaparte's successful campaign of 1800 against Austria, on February 9, 1801.

Page 43.

2. *égide.* The ægis (Greek word), the shield of Jove, was the work and gift of Vulcan. A peculiar ægis, on which was represented the head of Medusa, was also borne by Minerva. In modern languages the word denotes 'protection.'

7. *dix pfennige.* The *pfennig* is the hundredth part of the German *mark.* The *mark* is a silver coin worth a little less than a shilling: 1018–1020 mark = £50, according to the rate of exchange. The modern German system of keeping accounts is decimal, like the French; amounts are stated in *mark* and *pfennige.* Copper coins are little used in Germany, being only struck for amounts under 5 pfennige. The 5 pfennig piece and the 10 pfennig piece are conveniently small coins of white metal, but with no milling round the edge, so that, by the absence of

the milling, they may be distinguished by feel as well as by sight from the smaller silver coins.

12. *il se le tint pour dit.* See note to p. 21, l. 16.

—. *curieuses au possible.* See note to p. 34, l. 27.

19. *de côté.* Translate 'on one side.' See note to p. 8, l. 1.

21. *la partie.* Cf. note to p. 33, l. 5. Translate here by 'amusement.'

Page 44.

5. *je poussai une reconnaissance.* This is a military phrase. Cf. *je poussai une pointe* (p. 48, l. 4), an equivalent phrase. Translate 'I made a voyage of discovery.'

10. *far niente.* This is borrowed from the Italian, and means, lit., *le rien-faire*, 'doing nothing.' Perhaps 'vacuity' comes nearest in English to a word which cannot be translated.

16. *de Maistre.* Xavier de Maistre, a writer of the first half of this century, is best known by his "Voyage autour de ma Chambre." Plato compares the body (de Maistre's *l'autre*) now to a wild beast (see p. 45, l. 3), now to a harsh taskmaster of the soul in bondage to it.

Page 45.

2. *payant mon écot.* 'Pay one's scot' is the French phrase translated into English. Both the French and the English phrases are literary survivals of the old language, and are not used in every day speech. 'The bill!' is *L'addition! Écot*, originally meaning 'one's proportion of the expense of a common dinner,' has two related words in English, viz. 'quota,' like *écot*, from Lat. *quotus*, and 'scot,' derived through the medium of the French *écot*. Thus 'scot-free' meant originally without paying one's share in the reckoning.

3. *la bête*, i.e. the bicyclist's body. See note to *de Maistre*, p. 44, l. 16.

17. *juraient.* Translate 'contrasted harshly.'

25. *qualités.* *Qualité*, when unqualified by an adjective, means 'a good quality.' In English the use of 'quality' without an adjective, in the sense of 'good quality,' is a fault.

29. *sous le coup de.* Translate *le coup* by 'an attack.' A literal translation, 'under the stroke of,' would here be intelligible. The idiomatic uses of *coup* are extraordinarily numerous and varied. A few examples are: *coup d'œil, coup de vin* (draught), *coup de fusil* (discharge or report), *coup de brosse, coup de balai,* etc.; *manquer son coup* (fail in an attempt), etc.; *à coup sûr* (assuredly), *pour le coup* (this time), etc.

Page 46.

1. *qui se ressemble, s'assemble.* The explanation of the use of the singular number is, that the omitted antecedent is *ce.* The neuter 'what,' *ce qui,* by a not uncommon usage, has the force of 'he who' or 'those who.' Cf. German *Früh übt sich, was ein Meister werden will,* 'Early does *that* exercise itself *which* means to be a Master,' where 'that which' = 'he who' or 'those who.' Cf. also *unsereins* (neuter) = 'people like us.' Translate the text by an English proverb.

4. *perd de sa beauté.* The object to *perdre* is the partitive *de sa beauté.* Cf. p. 61, l. 21, *il y avait de tout* (a little of everything). Cf. also the English 'loses in beauty,' *i.e.* 'loses something in point of, something of its beauty.'

18. *me paya de toutes mes fatigues.* In the metaphorical sense of 'to recompense,' *payer* is followed by the preposition *de* with the thing paid for. But remember that, when *payer* is used literally, no preposition stands before the thing paid for. See note to p. 6, l. 25.

21. *gardes-forestiers.* Their duties are rather those of a wood police (to prevent damage, etc.) than of gamekeepers.

Page 47.

12. *fournissant sa carrière, précipitant,* etc. Render by 'quickening its speed at the end of its course.' *Fournir sa carrière* is, in classical French, 'to complete one's course;' used as a sporting phrase 'to complete the course' or 'race to the finish.'

17. *une drôle d'entrée.* Lit. 'a queer of an entry.' For the gender and use of *drôle,* cf. *voir de drôles,* and note to p. 18, l. 19.

20 *de côté et d'autre.* Translate 'this way and that.' See note to p. 8, l. 1.

Page 48.

4. *je poussai une pointe.* See note to p. 44, l. 5.

11. *Stein.* After the defeat of Prussia at Jena and Napoléon's entry into Berlin (October 27, 1806), the Freiherr von Stein took the lead in devising such a reorganization of the Prussian State as should lead to a successful rising against the French domination. Banished by Napoléon in 1808, he took refuge, first with the Emperor of Austria, and afterwards with Russia, ceaselessly urging those Powers to resistance against French encroachment. He returned to Berlin, after Napoléon's disastrous Russian campaign in 1812, and took an important part in the reconstitution of Prussia which preceded the successful War of Liberation of 1813 and 1814. His protests against the illiberal and reactionary spirit of the Prussian Government at that time have earned for him a lasting popularity with his countrymen.

19. *Edelstein. Der edle Stein* is 'the noble Stone;' *der Edelstein* is 'the precious stone' or 'jewel.'

Page 49.

8. *signal.* Render by 'a beacon.'

28. *à si bon compte.* The phrase is equivalent to *à si bon marché.* See note to p. 41, l. 2.

Page 50.

11. *d'un coup de panache.* Render *coup* by 'wave.' Cf. note to p. 45, l. 29.

21. *je faisais faction. Faction* is the 'watch' kept by a sentinel. Translate by 'standing sentinel.'

Page 51.

10. *au bon milieu.* Render by 'in the very middle.' *Beau* is commonly used with the same idiomatic force.

16. *je m'en voulais.* See note to p. 30, l. 16.

18. *je n'en pouvais mais.* *Mais* is from the Lat. *magis*, 'more.' *N'en pouvoir mais* is 'not to be able to help a thing,' 'not to be in fault.' Distinguish this idiom from *n'en pouvoir plus*, p. 34, l. 25.

19. *sans me faire prier.* Lit. 'without letting myself be begged,' *i.e.* 'without waiting to be asked twice.'

26. *us.* This word is only used in the sense of 'usages of a country.'

28. *baptême.* The letter *p* is not sounded in *baptême, baptiser, baptismal, baptistère, Baptiste.*

Page 52.

3. *tant bien que mal.* See note to p. 7, l. 25.

6. *de côté.* See note to p. 43, l. 19.

8. *porter faux.* The metaphor is from shooting, 'to miss the mark.'

14. *en vrai célibataire.* See note to p. 32, l. 6.

18. *au terre à terre.* For the meaning of this noun, cf. note to p. 27, l. 19.

Page 53.

7. *avaient fait faux-bond.* Render by 'had failed to do their duty.'

8. *je ne sais trop.* For 'not too much' substitute 'hardly.'

11. *financière et autre.* To this corresponds the colloquial English 'financial and otherwise.'

18. *Kursaal.* Lit. 'cure-room.' Use the German word untranslated. The humble origin of the Kursaal is a simple shelter for invalids to drink their proscribed quantity of the mineral waters in.

26. *droit de péage.* *Péage* is the *droit* or duty levied on passing a barrier. See note to p. 12, l. 7. Render the text simply by 'toll.'

Page 54.

8. *Johannisberger.* German names of places are made adjectives by the addition of the termination *-er.* *Johannisberger*

is understood to mean 'the wine' of, *i.e.* produced on, the *Johannisberg.* This is the choicest of 'Rhine' or 'white' wine (Anglicè 'hock'). The English term is probably an abbreviation of *Hochheimer*, one of the many well-known Rhine vintages.

17. *chemin de fer à crémaillère.* Very steep ascents, such as that of the Rigi, are made safe and practicable for a locomotive by the use of a third cogged rail, on which a cogged wheel of the locomotive runs.

Page 55.

4. *tous les cent mètres.* Cf. *tous les deux jours*, 'every two = every second = every other day;' *tous les quatre jours*, 'every four days,' or 'every fourth day.'

7. *j'eus beau proposer. Avoir beau* marks continued but useless efforts: e.g. *j'ai beau vous chercher ; je ne vous trouve plus* = 'it is in vain that I look for you,' etc.

13. *Le vapeur.* Steam is *la vapeur*; steamer is *le* (*bateau à*) *vapeur*. The English word 'steamer' is also used in France.

16. *Hatto.* "It happened in the year 914 that there was an exceeding great famine in Germany, at what time Otto, surnamed the Great, was Emperor. This Hatto, when he saw the poor people of the country exceedingly oppressed with famine, assembled a great company of them together into a Barne, and, like a most accursed and mercilesse caitiffe, burnt up these poor innocent souls. For he said that these poor folk were like mice, that were good for nothing but to devour corne. But God Almighty mustered up an army of Mice against the Archbishop. Whereupon the Prelate, thinking that he should be secure from the injury of the Mice, if he were in a certain tower that standeth in the Rhine near the town, betook himself to the said tower. But the innumerable troupes of Mice swumme unto him upon the top of the water . . . it is recorded that they scraped and knawed out his very name from the walls and tapistry wherein it was written, after they had so cruelly devoured his body." (Abridged from "Coryat's Crudities," pp. 571, 572, quoted by Southey to his ballad, "God's Judgment on a wicked Bishop").

23. *voulant dire.* See note to p. 10, l. 4.

Page 56.

4. *battre la campagne.* Render *battre* by 'scour.' The phrase is also idiomatically used in the sense of 'wandering in one's talk.'

10. *Sickingen.* Sickingen is a castle and village in the Grand Duchy of Baden, near which is the ruined Sauerburg. Franz von Sickingen, beloved by the Emperors Maximilian (see Goethe's "Götz v. B.") and Charles V., towards the close of a stormy life spent in defending the oppressed against the clergy and nobility, gave shelter to Ulrich von Hütten and other celebrated leaders of the Reformation, declared war against the Archbishop of Trêves "in order to open a door to the Gospel," and was killed in the following year, 1523, in a hopeless defence of the Castle of Landstein against the artillery of the allied princes.

13. *Schomberg.* By the Edict of Nantes, Henri IV. granted toleration to the Protestants in 1598. Its revocation by Louis XIV., signed at Fontainebleau in 1685, drove from silk-weaving Tours, to take an example, 38,000 of its 80,000 inhabitants. Schomberg, born 1619, after serving in the Swedish army and in the Netherlands, rose to be a Marshal of France, in whose service he fought from 1650–85. Driven from France, he took service with the Prince of Orange. (See Macaulay's "History").

20. *les vers . . . de Heine.* A literally bald construe of these lines is:

"I know not what it shall betoken,
That I am so sad;
A fable of olden times,
That will not (comes not) out of my thoughts."

The poet was born with this century. Of German-Jewish parentage, he was taught at the Franciscan School of Düsseldorf; early learnt to love the French and reverence the great Emperor, studied law, preferred poetry and journalistic work to employment with the rich Hamburg banker, his uncle, and lived the latter part of his life at Paris, his poetry all done, writing for French and German journals. He was buried in 1856 in the Parisian cemetery Montmartre.

Page 57.

7. *qu'il faisait bon.* See note to p. 9, l. 9.

9. *tirer parti de.* See note to p. 40, l. 27. Render here by 'to make use of' or 'to profit by,' the idiomatic meaning of the phrases being 'to draw profit or advantage from.'

23. *les frondeurs romains.* The use of the word *frondeurs* is an allusion to the civil war carried on by the faction known as *La Fronde* during the minority of Louis XIV., from 1648–53, against the Queen Regent and her minister, Cardinal Mazarin, who had ordered the arrest of the President of the Paris Parliament. The war began with lampoons. The word *fronde* means originally a sling; hence a *frondeur* is a hostile critic.

Page 58.

9. *engeance.* See note to p. 11, l. 20.

11. *il nous arrive . . . d'agrément de changer. De changer* depends on *il arrive; d'agrément,* having no article, is adverbial. The literal meaning then is 'it happens to us . . . agreeably to change.' Translate the whole text: 'it so often happens when we are travelling that unlooked for changes of plan bring unlooked for pleasure.'

22. *en petite tenue.* The English is 'in undress uniform.'

Page 59.

1. *lazzi.* An Italian word, which is, notwithstanding its origin, pronounced in French *lazi,* not *ladzi.* In other Italian words used in French, e.g. *lazzaroni, mezzo forte,* double *z* is sounded *dz.*

4. *tant soit peu.* A common adverbial phrase, 'ever so little.'

12. La Fontaine, "Les deux Pigeons."

19. *combien de plaisir.* Bring these words together in translation. For the order of the words, cf. the exclamations *que c'est peu!* 'how little it is!' *que la patrie est chère!* etc.

26. *aux délices de Capoue.* This allusion originated in the

supposed enervation of Hannibal's army, after the battle of Cannæ, by the soft air of Campania and the luxury of Capua.

Page 60.

3. *que faire? piquer des deux?* See notes to p. 22, l. 8, and to p. 36, l. 28.

17, 22. *forcé . . . faussé.* Render the first by 'wrenched,' the second by 'bent.'

23. *cet âge.* See La Fontaine, "Les deux Pigeons," Bk. ix. 2.

Page 61.

3. *vous font suer sang et eau.* The idiom *suer sang et eau*, to which there is happily no English parallel, means 'to give one's self an infinity of trouble.' Translate the text 'make you beside yourself with impatience.'

10. *gent.* This old French word may be rendered by 'tribe.' Its origin is the Lat. *gens* (accusative *gentem*), the adjective form of which gives English 'Gentile.'

21. *de tout.* Render this partitive by 'a little of everything.'

26. *toupet et vergogne.* The two words are nearly synonymous. See note to p. 40, l. 25. *Vergogne* (Lat. *verecundia*), properly 'modest shame,' by a confusion between active and passive, has come to mean 'impudence.' Similarly 'shameful' has come from 'modest' to mean 'shameless.'

Page 62.

24. *échappée:* i.e. *échappée de vue.* Render *échappée sur* by 'glimpse of.'

Page 63.

2. *zéro.* In the *Réaumur* thermometer, which is in general use on the Continent, zero is the freezing point, and is marked 0°; boiling point is marked 80°. In the *Centigrade*, used by scientific men, the freezing point is zero, the boiling 100°. In the *Fahrenheit*, used in England, zero or 0° is 32° below freezing point; boiling water is 212°.

11. *plus . . . et plus. Plus, autant, mieux, moins,* repeated at the beginning of a sentence in the sense of 'the more . . . the more,' 'the more . . . the less,' etc., ought, in strictness, as little to admit connection by a conjunction as the corresponding English phrases. One can, however, say either, e.g., *plus on le voit et plus on l'admire,* or *plus on le voit, plus on l'admire.*

13. *je n'y tenais plus.* Translate 'I could stand it no longer.'

21. *Gambrinus.* In German resorts for beer drinking, a representation of Gambrinus astride of a cask is often seen. Legend makes him a King of Flanders and inventor of beer.

22. *quatre à quatre* = 'four together,' *i.e.* 'four steps at a time.' Thus: *un à un,* 'one by one,' *deux à deux,* lit. 'two by two,' *i.e.* two together, etc. See also p. 72, l. 30, *une excursion à deux.*

23. *de donner de la tête contre.* Translate 'to run my head against.' Cf. *donner dans le détroit,* 'enter the strait;' *ce vin donne dans la tête,* 'this wine gets into one's head.'

—. *au grand air.* See note to p. 6, l. 12.

29. *quelle galère.* See note to p. 21, l. 6.

Page 64.

2. *en fin de compte.* Translate 'taking everything into account.'

3. *je m'en trouvai bien. Se trouver bien de* is 'to have reason to be satisfied with.'

14. *jurai mais un peu tard,* etc. A variation of "Le Corbeau et le Renard," La Fontaine, Bk. i. 2.

26. 50,000 *bouteilles par jour.* The relation of amounts to *time* is expressed by *par.* Cf. note to p. 19, l. 29.

Page 65.

9. *frappaient plus d'estoc et de taille. Estoc,* which is the German *Stock,* 'stick,' denoted formerly a long narrow sword, or sword's point; *taille* is the cutting edge. Render therefore, reversing the order, by 'cut and thrust more.'

17. *clos bien connus.* Both *enclos* and *clos* denote an enclosed

piece of ground. A vineyard is *un clos de vignes.* Thus *Clos-Vougeot* is the vineyard at Vougeot. Vines are very capricious in their choice of soil; the best wine is produced from vines grown on a light stony soil, on which no other crop could be made to thrive; and even in the most favoured districts the plots of land, which will produce wine of the first 'growth' or quality, are few and sharply defined. The *bouquet* (see below) is the 'aroma.'

22. *d'un sauvage.* Substitute for 'of a wildness,' 'the wildness of which is.'

31. *je fis une pointe.* See note to p. 44, l. 5.

Page 66.

7. *pour le coup.* See note to p. 45, l. 29.

Page 67.

11. *à qui mieux mieux.* Lit. 'to whom (it was) better (done), (to him it was) better (done).' Render by 'to see who could scratch best.' A phrase of similar meaning is *à l'envi,* 'in emulation.' See note to p. 83, l. 9.

18. *V.C.* See note to p. 8, l. 14.

22. *le vin était tiré, il fallait le boire.* This idiom means that when one is fairly in for a thing, one must see it to the end.

Page 68.

1. *The castled crag.* See Byron's "Childe Harold," Canto iii.

18. *boulevards.* See note to p. 12, l. 8.

Page 69.

9. *par trop souvent.* See note to p. 20, l. 29.

Page 70.

6. *un appétit . . . une fringale terrible.* *Fringale* denotes a very vigorous and lively appetite. Render the whole phrase 'a formidable appetite of appalling vigour.'

18. *bien vouloir.* See note to p. 25, l. 23.
21. *tant bien que mal.* See note to p. 7, l. 25.

Page 71.

3. *cantonniers.* Translate 'road menders.' They are employed by the *cantons*, districts under a *juge de paix* ('magistrate'). Roads in France are divided into (1) *chemins vicinaux*, maintained by the *commune*; (2) *routes départementales*, maintained by the *département*; and (3) *routes nationales*, maintained by the *État* or State. In thinly populated country districts several *communes* form one *canton*. The *cantonnier*, being a public servant, is required to help travellers in case of accident.

8. *Charlemagne.* Charles, son of Pepin le Bref, King of the Franks, by the death of his father in 768, and of his brother Karlomann in 771, became master of the whole Frankish Monarchy, which then included France and one half of Germany. He gradually acquired by conquest the whole of Germany (the pagan Saxons were not finally subdued till the beginning of the ninth century), with the greater part of Italy and Spain, and was crowned Emperor of the West in the year 800, with the title of Carolus I., by Pope Leo XIII. at Rome. From Carolus Magnus the French have formed Charlemagne; but since the Franks were Germans, and Charles' native tongue was a German dialect, the Germans more properly claim him by the title of Karl der Grosse. Charles was a busy founder of churches and schools, and gladly saw at his court at Aix (Aachen) scholars of all nations, among the most favoured of whom was the Englishman Alcuin.

16. *Victor Hugo.* Hugo was born at Besançon in 1802. The production of "Hernani," in 1830, forms an epoch in the history of French literature. Hugo, the "Master" of the Romantic School then forming, took Shakespeare for his model; the Classical School resented highly the departure from the traditions of Corneille, Racine, and Molière. In the theatre the battle was fought with all weapons. Théophile Gautier applauded the poet, dressed in "a scarlet satin waistcoat . . . trousers of a pale sea-green seamed with black velvet, and an ample grey overcoat lined with green satin." "Victor in

Drama" (*Hernani*), "Victor in Romance" (*Notre-Dame de Paris*), wrote Lord Tennyson on the death of Hugo in 1885. An uncompromising opponent of Napoléon III., Hugo lived in exile at Jersey, and afterwards at Guernsey, from 1851 till the proclamation of the French Republic in 1870. For *Le Cid*, see note to p. 8, l. 25. The full title of "Hernani" is: "Hernani, ou l'honneur Castillan."

28. *avaient jeté leur dévolu sur.* The noun *dévolu* is an old technical term for the 'right of presentation to a vacant benefice.' This idiomatic phrase may be rendered by the phrase 'had designs on.'

29. *je m'éloignai d'un ou deux.* For the meaning and use of *de* here, cf. *âgé de dix ans.*

Page 72.

2. *pourquoi les Anglais.* Miss Reynolds, in her "Recollections of Johnson," reports:—"Johnson: 'I spoke only Latin' (in Paris). 'There is no good in letting the French have a superiority over you every word you speak.'" Johnson once spoke French to a Frenchman who spoke to him in English. "Being asked the reason, with some expression of surprise he answered, 'because I think my French is as good as his English'" (Boswell).

16. *cancan.* This is 'scandal.'

30. *à deux.* See note to p. 63, l. 22.

Page 73.

7. *montagnes russes,* 'Switchback railways.'

14. *pour tenir tête à.* Do not confuse this idiom with the English 'make head against.' *Tenir tête à* corresponds to 'hold one's ground against.' Hence it means 'to resist.' Translate here 'hold my own with.'

15. *hors ligne.* What is 'out of line' is 'prominent,' 'distinguished' from the mass.

Page 74.

14. *par le train de sept heures et quelques minutes. Le train de sept heures* is 'the seven o'clock train;' the addition of *quelques minutes* necessitates the rendering 'the train which left at some minutes past seven.'

18. *pied.* This is the *pied métrique* which is one-third of a *mètre*, or 1.12 ft. English. The old French *pied* is 1.06 ft. English.

30. *de temps à autre.* This is a variation of *de temps en temps.* See p. 75, l. 9.

Page 76.

10. *à tour de rôle.* This idiom is a metaphor taken from following the order of a *list* (*rôle*), and means 'each in his, her, or its turn.' Render here 'putting each hand in turn in our pockets.'

Page 77.

4. *de reste.* Do not confuse *rester* with *se reposer* or *reste* with *repos.* The text means 'left' (over and above).

Page 78.

5. *mais bien.* The force of *bien* is 'if I did not find them, I found.'

12. *l'Escaut,* 'the Scheldt.'

17. *ils n'arrivèrent,* etc. Turn by 'none of them rose to the level of.'

30. *M. Jourdain.* Molière's "Bourgeois Gentilhommé."

—. *un mot pareil.* See H. Taine's "Voyage aux Pyrénées," *passim.* Between *Luz* and *Gavarnie* he is dragged through a door and down steps to see a *grotte.* There is nothing but a thread of water! "*Nous remontons et nous lisons cet écriteau: 'On paye dix sous pour visiter la grotte.' L'affaire s'explique; les paysans des Pyrénées ont beaucoup d'esprit.*"

Page 79.

12. *où l'on paye.* In France, *e.g.*, only 30 kilos (= 66 lbs.) of luggage can be taken free. Similar restrictions on the quantity of luggage taken free are in force in all Continental railways.

22. *il n'y avait plus grand'chose.* See note to p. 29, l. 21.

Page 80.

5. *charpente de fer.* Translate by 'iron work.' The meaning of *charpente* was, of course, originally restricted to 'wood work,' 'frame work of wood.'

9. *élevait bien.* Render *bien* here by 'it is true.'

14. *sous le coup des.* Cf. note to p. 45, l. 29. In translating let the simple preposition 'by' represent *sous le coup des:* e.g. 'the sheds had been ruined by the explosions.'

22. *sens dessus dessous.* See note to p. 7, l. 18.

Page 81.

25. *Santiago,* etc., "St. James, Spain, blood, flesh, fire, sack!" The blame of the sack of Antwerp does not rest upon the administration of Don Louis de Requesens, then Governor of the Netherlands in succession to Alva. The Governor had no money to pay the troops; the troops mutinied, and took their pay where they could find it. Two years before, in April, 1574, 3,000 mutineers had marched into Antwerp, answered the remonstrances of Requesens with "*Dineros y non palabras*"—dollars, and not palaver!—and retired only on payment of 400,0000 crowns demanded for them by Requesens from the city.

Page 82.

28. *Les premiers travaux.* The citadel of Antwerp, designed by Pacheco and Cerbelloni, was, says Motley, quoting Brantôme's "*la nompareille forteresse du monde,*" "the most perfect pentagon in Europe—five bastions . . . surrounded by walls measuring a league in circumference."

Page 83.

6. *des Gueux.* A number of well-born gentlemen of the Netherlands presented a petition against the tyranny of the Spanish Administration to the Duchess Margaret of Parma, April 5, 1566. "*Madame la Duchesse se trouva de prime face fort troublée—Le S. de Berlaymont prononça par grande colère les parolles mémorables qui firent changer de nom aux gentilhommes confédérez—Et comment, Madame, votre Alteze at elle crainte de ces gueux*" (quoted by Motley). The confederate nobles at a banquet adopted the name, and chose a costume of coarse stuff, in colour ashen grey. "The deeds of the 'wild beggars,' the 'wood beggars,' and the 'beggars of the sea,' taught Philip at last to understand the nation" (Motley).

9. *à l'envi. Envi*, now used only in this phrase, 'in emulation,' is the old Provençal *envit*, 'defiance.' *Envie* is from Lat. *invidia*, 'envy.'

22. *des Téniers et des Van Dyck.* Proper names are invariable in French, whether one speaks of the different members of a family, e.g. *les Mercier*, 'the Mercers,' or whether one speaks of famous men by the idiomatic plural. Translate the text by the singular number. Cambridge is the University of Milton and of Byron, not of 'the Miltons.' Cf. with the text '*les chefs-d'œuvre des Corneille et des Racine.*'

Page 84.

13. *je m'en suis*, etc. See note to p. 64, l. 3.

www.ingramcontent.com/pod-product-compliance
Ingram Content Group UK Ltd.
Pitfield, Milton Keynes, MK11 3LW, UK
UKHW012235240726
13966UKWH00003B/1105

9 782013 040495